WISSENSCHAFTLICHE BEITRÄGE
AUS DEM TECTUM VERLAG

Reihe Philosophie

WISSENSCHAFTLICHE BEITRÄGE AUS DEM TECTUM VERLAG

Reihe Philosophie

Band 17

Hendrik Klinge

No Best World Solutions

Eine Untersuchung zum Theodizeeproblem in der analytischen Religionsphilosophie

Tectum Verlag

Hendrik Klinge

No Best World Solutions.
Eine Untersuchung zum Theodizeeproblem
in der analytischen Religionsphilosophie

Wissenschaftliche Beiträge aus dem Tectum Verlag:
Reihe: Philosophie; Bd. 17

ISBN: 978-3-8288-2589-5

ISSN: 1861-6844

Umschlagabbildung: William Blake - Adam findet Abel
© wikimedia.org

Umschlaggestaltung: Susanne Bauer

Besuchen Sie uns im Internet
www.tectum-verlag.de

Bibliografische Informationen der Deutschen Nationalbibliothek
Die Deutsche Nationalbibliothek verzeichnet diese Publikation in der Deutschen Nationalbibliografie; detaillierte bibliografische Angaben sind im Internet über http://dnb.ddb.de abrufbar.

Inhaltsverzeichnis

Vorwort

Die vorliegende Arbeit ist eine überarbeitete Fassung meiner philosophischen Magisterarbeit, die unter dem Titel „Das Theodizeeproblem in der gegenwärtigen Religionsphilosophie: Die Debatte um George Schlesingers *No Best World Solution*" im Jahr 2008 an der Georg August Universität Göttingen eingereicht wurde. Das fünfte, exkursartige Kapitel, das sich mit anderen *no best world solutions* als der von George Schlesinger entwickelten beschäftigt, wurde für die Publikation vollständig neu verfasst. Bei den übrigen Änderungen handelt es sich um sachliche Präzisierungen und stilistische Verbesserungen. Lediglich in den Fußnoten wurden einige Gedankengänge etwas weiter ausgeführt, als es in der ursprünglichen Arbeit möglich war. Zu einer grundlegenden Neubewertung der *no best world solution(s)* sehe ich indes keinen Anlass.

Mein Dank gilt Herrn Prof. Dr. Bernd Ludwig, der mich während meines Philosophiestudiums wesentlich geprägt und mit Interesse und Geduld auch meine Ausflüge in exotischere Gefilde der Religionsphilosophie unterstützt hat. Ebenso danke ich meiner Freundin Frau Sandra Friedhoff, die die Arbeit Korrektur gelesen und mir in schwierigen Phasen der Arbeit auch mental beigestanden hat. Ausdrücklich gedankt sei auch Herrn Malte Rosenau, der bei diversen Computer- und Formatierungsfragen geholfen hat. Meinen Eltern, die mich während meines Studiums der Theologie und Philosophie weit mehr als nur finanziell unterstützt haben, widme ich diese Arbeit.

Hendrik Klinge, Göttingen im November 2010

Einleitung

„EPICURUS's old questions are yet unanswered."
David Hume

Eine der wichtigsten Figuren in Voltaires Roman *Candide ou l'optimisme* ist der Philosoph Pangloss. Als Lehrer des Candide hat er seinem Schüler unaufhörlich die Auffassung des Leibniz eingeschärft, dass die bestehende Welt die beste aller möglichen Welten sei und es anders auch gar nicht sein könne. Obwohl Pangloss im Verlauf des Romans beinahe der Inquisition zum Opfer fällt, als Galeerensklave verkauft wird und noch einige andere keineswegs geringe Übel zu ertragen hat, hält er bis zum Ende an seiner Behauptung fest: Gott hat die beste aller möglichen Welten erschaffen. Er gibt zu, dass er Schreckliches habe erleben müssen, doch sein Stolz verbietet es ihm, von der einmal gefassten Meinung abzuweichen, auch wenn er selbst nicht mehr von ihr überzeugt ist.[1] Der Starrsinn eines alternden Hauslehrers steht hier gegen jede Evidenz. Wer eine Theodizee liefern will, d.i. die Existenz eines allmächtigen und allgütigen Wesens angesichts des Übels in der Welt zu verteidigen versucht, ist schlecht beraten, wenn er wie Pangloss schlicht etwas behauptet, das er weder selbst wirklich glaubt noch begründen kann. Er muss sich mit Pangloss vom naiven Candide fragen lassen:

> Wenn dies die beste aller möglichen Welten ist, wie müssen dann erst die anderen sein?[2]

1 Vgl. VOLTAIRE, Candide, 102.

2 AaO., 18, übers. v. E. Sander. Eine ähnliche Satire auf den Gedanken, dass die bestehende die beste aller möglichen Welten sei, findet sich bei dem aufklärerischen Journalisten Wilhelm Ludwig Wekhrlin. In seinem „Monolog einer

Voltaires Roman läutete ebenso wie Kants Schrift „Über das Mißlingen aller philosophischen Versuche in der Theodizee" das Ende der klassischen Versuche einer Gerechtsprechung Gottes ein.[3] Um so erstaunlicher ist es, dass es gerade im zwanzigsten Jahrhundert zu einer Renaissance der Bemühungen um das Theodizeeproblem kam. Neben der sog. Prozesstheologie, den „theodizeeanalogen" Bemühungen O. Marquards und G. Zigaris[4] hat auch die analytische Religionsphilosophie hier einen wesentlichen Beitrag geleistet. Namentlich Richard Swinburne und Alvin Plantinga haben mit ihren Versionen der sog. *free will defence* (im Folgenden FWD) interessante Rehabilitierungsversuche vorgelegt.[5] Allerdings blieben sie in dem Versuch, in der menschlichen Freiheit einen zureichenden Grund für die Zulassung des Übels zu finden, noch stark jenem Typ der Theodizee verhaftet, wie er durch Leibniz geprägt wurde. Gleiches kann von der sog. *virtuous response solution* (im Folgenden VRS) gelten, die den zureichenden Grund für die Zulassung des Übels in der edlen Reaktion darauf erblickt. Zu erweisen, dass die bestehende Welt die beste aller möglichen Welten sei, blieb das nicht immer eingestandene Ziel beider Versuche. Ab den 60er Jahren des letzten Jahrhunderts kam es auf dem Gebiet der Theodizee zu einem grundlegenden Wandel. Gerade aus dem Gedanken, dass die bestehende Welt *nicht* die beste aller möglichen Welten ist, versuchten verschie-

Milbe im siebenten Stock eines Edamer Käses" behauptet die philosophierende Milbe: „Dieser Käs ist der beste [...] und der Beweis ist einfach, wer wird das Vollkommenere dem Mittelmäßigen vorziehen?" (Wekhrlin, Monolog, 182) Diese an Leibniz geschulte „Milben-Metaphysik" (ebd.) wird, ebenso wie das Bekenntnis des Hauslehrers bei Voltaire, durch die bare Realität, die sich der hohen Spekulation nicht fügen will, widerlegt. Der Besitzer des Käses steckt die philosophierende Milbe „sammt ihrem Catheder, worauf sie stand, in seinen alles verschlingenden Mund" (ebd.).

3 Das Wort „Theodizee" kann wrtl. mit „Gerechtsprechung Gottes" übersetzt werden. Den biblischen Hintergrund bildet Röm 3,4f. Zu Kant s.u. 1.

4 Vgl. zum Begriff der „Theodizeeanalogie" Geyer, 1992, 209f. Zu Marquard und Zingari vgl. aaO., 235f.

5 Eine kurze Zusammenfassung der Positionen von Swinburne und Plantinga bietet Stump, 2008, 228f u. 230. Für Swinburnes einflussreiche, oft auch als *greater good defence* bezeichnete Theodizee vgl. ferner Swinburne, 1982, 3–19.

dene Religionsphilosophen Kapital zu schlagen. Die entscheidende Idee hierbei war: Selbst wenn der Begriff der „besten möglichen Welt" inkohärent sein sollte, kann eine Theodizee dennoch – oder gerade deswegen – gelingen.[6] Den wohl prominentesten Versuch einer solchen Theodizee stellt George N. Schlesingers *no best (possible) world solution* (im Folgenden NBWS)[7] dar. Schlesingers facettenreiches Argument und die sich daran anschließende Diskussion stehen im Fokus der folgenden Arbeit.[8]

Bevor zur Darstellung der Diskussion selbst geschritten werden kann, muss zunächst die keineswegs triviale Frage erörtert werden, worin genau das Problem des Übels besteht, welches zu lösen das Ziel jeder Theodizee ist. Erst wenn die Frage genau entwickelt ist, kann das Profil von Schlesingers ungewöhnlicher Antwort klar hervortreten. (Vgl. Kapitel 1.) Versucht man die Diskussion um die NBWS in Phasen zu unterteilen, ergibt sich eine klare Zweiteilung. Schlesinger hat 1977 eine wesentlich modifizierte Version seines erstmals 1964 publizierten Arguments präsentiert. Beide Versionen sind mehrfach kritisiert worden, wobei sich die Version von 1977 (im Folgenden $NBWS^{1977}$) nicht allein als Reaktion auf die Kritik

6 Diese Tendenz wird treffend beschrieben von STRICKLAND, 2005, 37.

7 Die Abkürzung bezieht sich immer auf die *no best world solution* Schlesingers. Ferner: Wenn im Folgenden von *no best world solution* gesprochen wird, soll dies, wenn nicht anders angemerkt, als synonym mit *no best possible world solution* verstanden werden. Für eine im Hinblick auf analoge Theodizeeversuche sinnvolle terminologische Differenzierung s.u. 87, Fn. 2.

8 Schlesingers NBWS nahe verwandt sind die Theodizeeversuche von Bruce Reichenbach (vgl. REICHENBACH, 1979, 203–212) und Peter Forrest (vgl. FORREST, 1981, 49–54). Auch die Ansätze von John D. McHarry (vgl. MCHARRY, 1978, 132–134) und Robert Adams (vgl. ADAMS, 1972, 317–332) gehören zum gleichen Typus, obwohl sie lediglich davon ausgehen, dass die bestehende nicht die beste mögliche Welt ist. Eine Inkohärenz des Begriffs selbst versuchen sie nicht zu beweisen. E. Mann versucht das Problem des Übels dadurch zu lösen, dass er die Inkommensurabilität der besten aller möglichen Welten mit allen anderen möglichen Welten behauptet. (Vgl. MANN, 1991, 250–227.) Sein Versuch stellt, wie S. Grover bemerkt hat, eine interessante Alternative zu Schlesingers Lösung dar. (Vgl. GROVER, 1998, 648.) Zu diesen *no best world solutions* s.u. 87ff.

an der Version von 1964 (im Folgenden NBWS^{1964}) verstehen lässt. Anders verhält es sich mit der letzten Version von 1988, die lediglich die Repliken auf die vorgebrachte Kritik wiederholt. Eine eigene Darstellung dieser letzten Version erübrigt sich daher.[9] Bei der Darstellung der NBWS^{1964} und NBWS^{1977} sollen wesentliche Tendenzen der Kritik deutlich werden. (Vgl. Kapitel 2 und 3.) Eine vollständige Behandlung jeder vorgebrachten Kritik ist bereits aus Raumgründen nicht möglich, in vielen Fällen auch nicht sinnvoll. Allzu oft wiederholen sich die Argumente, ohne dass ein Fortschritt in der Diskussion erreicht wird.[10] Beide Phasen der Diskussion sind dadurch gekennzeichnet, dass die Kritik sich durchaus darin einig ist, dass die NBWS scheitert, nicht aber darüber, worin genau dieses Scheitern seinen Grund hat. Thomas Morris charakterisiert die gesamte Diskussion um die NBWS treffend, wenn er schreibt:

> Most commentators have found his [d.i. Schlesingers] reasoning both fascinating and unsatisfactory. But as in the case of many well-known philosophical arguments, although almost everyone agrees that it must be wrong, it has been a bit difficult for the critics to point out and agree on exactly what is wrong with it.[11]

Dieser Einschätzung kommt im Folgenden leitende Funktion zu. Es gilt nicht nur zu prüfen, ob die NBWS in ihren verschiedenen

9 Insgesamt hat Schlesinger fünf Formulierungen seines Arguments, zumeist mit geringen Unterschieden, vorgelegt. Vgl. Schlesinger, 1964, 246f; ders., 1970, 229f; ders., 1977, 59–64; ders., 1982, 27–29; ders., 1988a, 53–58.

10 Um Redundanz zu vermeiden, werden nicht alle Kritiken an Schlesingers NBWS eigens diskutiert. Auf Basingers Kritik wird im Zusammenhang mit der *no best world solution* Reichenbachs eingegangen. (S.u. 108ff.) Auf die Kritiken von Fulmer und Strickland wird nur am Rande Bezug genommen. Die Kritik von Khatchadourian (vgl. Khatchadourian, 1966, 109-119) schließlich wurde ausgelassen. Schlesingers Urteil, sie bringe gegenüber den anderen Kritiken nichts wesentlich Neues, kann m.E. ohne Einschränkung zugestimmt werden. (Vgl. Schlesinger, 1977, 77.) Gleiches kann m.E. auch von der Kritik Nozicks gelten. (Vgl. Nozick, 1986, 151-166. Schlesinger, 1988b, 322ff.)

11 Morris, 1984, 173.

Versionen der Kritik Stand zu halten vermag, sondern auch, worin die Uneinigkeit der Kritiker ihren Grund hat. Diese Frage kann freilich erst beantwortet werden, nachdem die einzelnen Argumente diskutiert worden sind und klar ist, worin der Fehler der NBWS genau besteht. (Vgl. Kapitel 4.) Im Anschluss an die eigentliche Darstellung und Diskussion der NBWS sollen in einem exkursartigen Abschnitt der NBWS verwandte Versuche, das *problem of evil* zu lösen, beleuchtet werden. (Vgl. Kapitel 5.) Die Arbeit schließt mit der Anwendung einer Idee von Steven M. Cahn auf die NBWS, welche verdeutlichen soll, inwiefern das spezifische Scheitern der NBWS aufschlussreich für das gesamte Gebiet der Theodizee ist. (Vgl. Kapitel 6.)

1 Das Problem des Übels

Die klassische Definition einer Theodizee stammt wider Erwarten nicht von Leibniz, sondern von Kant.

> Unter einer Theodizee versteht man die Verteidigung der höchsten Weisheit des Welturhebers gegen die Anklage, welche die Vernunft aus dem Zweckwidrigen in der Welt gegen jene erhebt.[1]

Das, was Kant in seiner eigenen Terminologie das Zweckwidrige nennt, wird seit Leibniz als Übel (*le mal*) bezeichnet.[2] In der neueren Literatur zur Theodizee-Debatte ist indes meistens vom *problem of evil* die Rede. Diese Formulierung ist insofern ungenau, als sie Leibniz' Unterscheidung zwischen dem natürlichen, dem metaphysischen und dem moralischen Übel nicht widerspiegelt. Mit dem natürlichen Übel ist das Leid, mit dem metaphysischen die schlichte Unvollkommenheit der Welt und mit dem moralischen Übel die Sünde bzw. das moralische Böse gemeint.[3] Diese Unterscheidung ist durchaus relevant, wie die unterschiedlichen Lösungen für die verschiedenen Arten des Übels bei Leibniz zeigen. Wenn im Folgenden vom *problem of evil* gesprochen wird, sollen damit alle drei von Leibniz unterschiedenen Typen des Übels gemeint sein. Die klassische Formulierung des *problem of evil* findet sich bei Laktanz, der sie selbst auf Epikur zurückführt.

> Entweder will Gott die Übel (*mala*) beseitigen und kann es nicht oder er kann es, will aber nicht, oder er will

1 Kant, Theodiz., AA VIII, 255. Zum Begriff des Welturhebers im Unterschied zu dem der Weltursache vgl. ders., KrV B 659f.

2 Vgl. Leibniz, Th. Bd. I, § 21. (= S. 241) u.ö.

3 Vgl. ebd.

> nicht und kann es auch nicht oder er will und kann. Wenn er will und nicht kann, ist er schwach, was Gott nicht zukommt. Wenn er kann und nicht will, ist er missgünstig, was Gott fremd ist. Wenn er weder will noch kann, ist er missgünstig und schwach und mithin nicht Gott; wenn er aber will und kann – welches allein ihm gemäß ist – woher kommen dann die Übel oder warum beseitigt er sie nicht?[4]

Laktanz erwägt vier Möglichkeiten, von denen die ersten drei zu dem gleichen Ergebnis führen. Gleichgültig ob Gott schwach oder böse oder beides ist, in jedem dieser Fälle wäre Gott nicht Gott. Der Gottesbegriff der antiken Metaphysik lässt es nicht zu, Gott als schwach oder böse anzusehen. Wird der Name „Gott" durch die Kennzeichnung „eine Entität, die allmächtig, allwissend und allwohlwollend ist" ersetzt, folgt analytisch, dass diese Entität weder schwach (im Sinne von nicht-allmächtig) noch böse (im Sinne von nicht-allwohlwollend) sein kann. Scheiden die ersten drei Möglichkeiten aus, bleibt nur noch die vierte. Gott will das Übel beseitigen und kann es auch. Aber dann bleibt die Frage: *Unde malum?* Laktanz' Argument hat die Struktur eines Trilemmas. Es kann aber auch so rekonstruiert werden, dass das Problem in der Inkompatibilität zweier Behauptungen besteht:

(A1) Ein allmächtiges, allwissendes und allwohlwollendes (*omnibenevolentes*) Wesen existiert.

(A2) Übel existiert.

---

4 „[...] aut vult [Deus] tollere mala et non potest aut potest et non vult aut neque vult neque potest aut et vult et potest. Si vult et non potest, inbecillus est, quod in Deum non cadit; si potest et non vult, invidus, quod [...] alienum est a Deo; si neque vult neque potest, et invidus et imbecillus est ideoque nec deus; si et vult et potest, quod solum Deo convenit, unde ergo sunt mala aut cur illa non tollit?" (LACTANTIUS, Ira, 13,20f., übers. v. HK)

Schlesingers Formulierung des *problem of evil* schließt sich an Laktanz an,[5] doch ergänzt Schlesinger eine dritte Behauptung. Eine Inkompatibilität ist s.E. erst dann gegeben, wenn klar ist, dass die Eigenschaft allwohlwollend (*omnibenevolent*) zu sein, einschließt, die Existenz des Übels nicht zuzulassen.

(A3) Omnibenevolenz schließt die Aufrechterhaltung und Duldung des Übels aus.

Schlesinger gelingt es nun eine formalisierte Fassung des *Problem of evil* zu geben.[6]

(PE) $[\{(H \wedge A) \rightarrow O\} \wedge \neg O \wedge A] \rightarrow \neg H$

Dabei nimmt Schlesinger folgende Bewertung vor:

H Ein allmächtiges, allwissendes und omnibenevolentes Wesen existiert. (A1)

A Omnibenevolenz schließt die Aufrechterhaltung und Duldung des Übels aus. (A3)

O Es gibt kein Übel. (Negation von A2)

In Worten: Wenn die Existenz eines allmächtigen, allwissenden, omnibenevolenten Wesens – wobei Omnibenevolenz die Aufrechterhaltung des Übels ausschließt – nicht zugleich mit der Existenz des

5 In seinen ausführlichen Äußerungen zum Problem des Übels von 1977 spricht Schlesinger von *suffering* statt *evil*. (Vgl. SCHLESINGER, 1977, 9ff.) Dies scheint aber mehr eine Ungenauigkeit als eine bewusste Abgrenzung von der Tradition zu sein, insofern Schlesinger selbst 1964 zwischen einem *problem of evil* und einem *problem of suffering* unterscheidet, (vgl. DERS., 1964, 246, s.u. 18) wobei er nur das erste zu lösen beabsichtigt. Ferner geht aus der NBWS klar hervor, dass Schlesinger eine Lösung für jegliches Übel, nicht nur einen bestimmten Typ des Übels geben will. (S.u. ebd.) Im Folgenden wird daher stillschweigend in der Darstellung der von Schlesinger vorgeschlagenen Kriterien für eine Theodizee *suffering* durch *evil*, Leid durch Übel ersetzt. Auch bei anderen Autoren (z.B. Pike) gibt es oft leider keine genaue terminologische Unterscheidung zwischen *suffering*, *pain* und *evil*.

6 Vgl. SCHLESINGER, 1977, 9ff.

Übels behauptet werden kann, dann kann es, vorausgesetzt es gibt Übel und Omnibenevolenz schließt tatsächlich die Aufrechterhaltung des Übels aus, ein solches Wesen nicht geben.

(PE) ist ein Konditional und als solches wahr, wenn entweder das Antezedenz falsch oder das Sukzedenz wahr ist. Wenn das Antezedenz aber wahr ist, kann das Sukzedenz nicht falsch sein, ohne dass das Konditional als ganzes falsch wird. Die Wahrheit des Antezedenz „erzwingt" die Wahrheit des Sukzedenz. Gerade gegen diese Zwangsläufigkeit muss der Verteidiger des Theismus ein Argument aufbringen, um zu zeigen, dass das *problem of evil* den Glauben an einen gütigen Gott nicht widerlegt. Er tut dies, indem er beweist, dass das Antezedenz, d.i. die Konjunktion $[\{(H \wedge A) \rightarrow O\} \wedge \neg O \wedge A]$, falsch ist. Eine Konjunktion ist falsch, sobald eines ihrer Glieder falsch ist. Es reicht also zur Lösung des *problem of evil*, wie es durch (PE) formuliert ist, zu zeigen, dass entweder (1) $(H \wedge A) \rightarrow O$ oder (2) $\neg O$ oder (3) A unter der vorausgesetzten Bewertung falsch ist. Die Situation des Theisten scheint zunächst recht aussichtslos. Keine der Behauptungen (1)–(3) kann sinnvoller Weise geleugnet werden. (2) zu leugnen würde eine Behauptung über die Welt aufstellen, die schlicht absurd ist. Die Existenz von Übel ist evident. Die Wahrheit von (3) aufzugeben, bedeutete indes, den Begriff der Benevolenz aufzulösen. Doch auch die Aufgabe von (1) ist unter der vorausgesetzten Bewertung kaum sinnvoll. Eine Bestreitung von (1) wäre nur unter Modifikation des Gottesbegriffs möglich. So konnte die Prozesstheologie (1) nur deshalb bestreiten, weil sie die Allmacht Gottes leugnete.[7] Soll auf solche *ad-hoc*-Maßnahmen verzichtet werden, muss zugestanden werden, dass es unmöglich verhindert werden kann, dass (PE) die Wahrheit von $\neg H$ erzwingt. Will der Theist sich nicht geschlagen geben, muss er die Frage stellen, ob (PE) das Verhältnis der göttlichen Allmacht zum Übel überhaupt angemessen erfasst. Nelson Pike hat daher in einem häufig zitierten Aufsatz vorgeschlagen, die

7 Zum *problem of evil* in der Prozesstheologie vgl. HASKER, 2005, 436 und die dort zitierte Literatur. Vgl. auch E. Stump über Mill (STUMP, 2008, 228).

Konjunktion in (PE) um ein Glied zu erweitern,[8]

(PE') $[\{(H \wedge A \wedge A') \to O\} \wedge \neg O \wedge A \wedge A'] \to \neg H$

wobei die gleiche Bewertung wie bei (PE) vorgenommen wird. A' wird bewertet mit:

A' Es gibt keinen zureichenden Grund für Gott, das Übel zuzulassen.

Pike führt A' als Konjunktionsglied ein, um es aufgeben zu können. Wenn Gott einen zureichenden Grund hat, Übel zulassen, d.i. A' falsch ist, dann können die übrigen drei Konjunktionsglieder wahr sein, ohne dass $\neg H$ wahr sein muss. In der Tat stellen die meisten klassischen Versuche, das *problem of evil* zu lösen, eine begründete Ablehnung von A' dar. Das beste Beispiel ist die bereits von Leibniz vertretene FWD, die zunächst nur eine Lösung des Problems des moralischen Übels darstellt. Man stelle sich zunächst zwei mögliche Welten vor.[9] In der einen (Welt A) sind die Menschen willenlose Knechte, in der zweiten (Welt B) freie moralische Agenten. Der Wert der Welt B ist nach Leibniz größer als der der Welt A, da Freiheit ein hohes Gut darstellt. Nun setzt die Existenz freier moralischer Agenten aber auch immer voraus, dass diese sich auch für das Böse entscheiden können. Doch wiegt nach Leibniz die Existenz des moralischen Übels das Gut der Freiheit nicht auf. Vielmehr gibt es ein *principium melioris*, das es Gott verbietet, ein Übel *nicht* zuzulassen, wenn dieses Übel die *conditio sine qua non* eines unbedingt zu realisierenden Gutes, hier der Freiheit, ist.[10] Leibniz' Lösung des Problems des moralischen Übels besteht klarer Weise in einer

8 Vgl. PIKE, 1963, 230. Die hier gebotene Darstellung von Pikes Argument folgt weitgehend Schlesingers Rekonstruktion. (Vgl. SCHLESINGER, 1977, 11f. 79.)

9 Unter „möglichen Welten" sollen im Folgenden im Anschluss an D. Lewis *ways things could be* verstanden werden. (Vgl. hierzu BEALL u. VAN FRAASSEN, 2003, 53.) Dabei soll 1. auch die aktuale Welt als eine mögliche Welt verstanden werden und 2. von der Interdependenz der in einer Welt gegebenen Sachverhalte abgesehen werden.

10 Vgl. LEIBNIZ, Th. Bd. I, § 25 (= S. 247).

Bestreitung von A'. Es gibt einen zureichenden Grund für Gott, die Möglichkeit des moralischen Übels zuzulassen, und dieser Grund ist eben, dass die Möglichkeit des Bösen die *conditio sine qua non* der Freiheit ist. Lösungen dieser Art, die in einer Zurückweisung von A' bestehen, sollen im Folgenden als $\neg A'$-Lösungen bezeichnet werden. Für die meisten klassischen Theodizeen einschließlich der FWD gilt ferner, dass sie nicht nur $\neg A'$-Lösungen sind, sondern auch *greater good defences* (im Folgenden: GGD).[11] GGD sind dadurch gekennzeichnet, dass der zureichende Grund für die Zulassung des Übels darin gesehen wird, dass ein bestimmtes intrinsisches Gut – in der FWD die menschliche Freiheit – eine bestimmte Form von Übel bzw. dessen Möglichkeit notwendig mit sich führt.

Für Pike genügt nun die reine Möglichkeit einer $\neg A'$-Lösung, um das *problem of evil* zu lösen.

> Thus if it is possible that instances of suffering are necessary components of the best of all possible worlds, then there *might be* a morally sufficient reason for an omnipotent and omniscient being to permit instances of suffering. Thus if the statement "Instances of suffering are necessary components of the best of all possible worlds" is not contradictory, then [A'] is not a necessary truth. And, as we have seen, if [A'] is not a necessary truth, then "God exists" and "There occur instances of suffering" are not logically incompatible statements.[12]

Pike erachtet es gar nicht als nötig, eine konkrete und begründete Zurückweisung von A' zu geben. Allein die Tatsache, dass niemand jemals wissen kann, ob A' wahr ist, ist für Pike ausreichend, um zu verhindern, dass die Wahrheit von $\neg H$ durch (PE) erzwungen werden kann.[13] Allein die Einführung eines Konjunktionsgliedes, dessen Wahrheit mit hoher Wahrscheinlichkeit niemals erwiesen werden kann, soll genügen, um das Argument zu Fall zu bringen.

11 Zur Terminologie vgl. Chrzan, 1987, 161.

12 Pike, 1963, 191. Auch hier könnte statt *suffering* auch *evil* stehen.

13 Für diese Interpretation Pikes vgl. Schlesinger, 1977, 11.

An dieser Stelle hat Schlesinger Pike entschieden widersprochen. Um zu zeigen, dass die kaum zu leugnende, aber abstrakte Möglichkeit der Falschheit von A' das *problem of evil* nicht beseitigt, schlägt er folgende Bewertung für (PE) vor:[14]

H Die Welt ist rund.

A Eine Mondfinsternis tritt ein, wenn der Schatten der Erde auf den Mond fällt.

O Die Form einer Mondfinsternis ist rund.

Nimmt man nun an, dass die Form der Mondfinsternis rechteckig ist, d.i. $\neg O$ gilt, ist (PE) unter der vorausgesetzten Bewertung wahr. Ein Verteidiger der Hypothese, dass die Welt rund sei, könnte nun argumentieren, Schlesinger habe schlicht A' vergessen, wobei A' bewertet wird mit:

A' Unter keinen Umständen werfen runde Objekte rechteckige Schatten.

Unsere ganze Erfahrung entspricht A' unter dieser neuen Bewertung, doch bleibt es zumindest eine abstrakte Möglichkeit, dass A' falsch ist, mithin $\neg A'$ gilt, wodurch $\neg H$, d.i. „Die Welt ist nicht rund“, nicht mehr zwingend ist. Schlesinger wendet nun ein, dass zwar $\neg H$ nicht bewiesen werden könne, solange $\neg A'$ möglich sei, es jedoch hohe empirische Wahrscheinlichkeit habe, dass $\neg H$ gilt, solange es keinen Hinweis darauf gibt, dass die Erde ein Objekt ist, das, obwohl rund, einen rechteckigen Schatten wirft. Entsprechendes gilt für das *problem of evil*. Pike ist es zwar gelungen zu zeigen, dass $\neg H$ in (PE) niemals folgen kann, solange $\neg A'$ möglich ist; zugleich muss er aber gestehen, dass die Existenz Gottes unwahrscheinlich bleibt, solange nur auf die Möglichkeit irgendeines Grundes Gottes, Übel zuzulassen, verwiesen werden kann.[15] In der Sprache der mittelalterlichen Philosophie kann die Möglichkeit,

14 Vgl. zum Folgenden aaO., 11ff.

15 Vgl. außer Schlesinger, 1977, 12f auch La Para, 1965, 10.

dass $\neg A'$ gilt, als ein *possibilium absolutum* bezeichnet werden.[16] Ein besseres Beispiel als Schlesinger hat hier m.E. Peter von Inwagen gegeben.

Ein Verteidiger wird vor Gericht kaum versuchen, einen angeklagten Straftäter X damit zu verteidigen, dass X möglicherweise einen Zwillingsbruder habe, der bei der Geburt von X getrennt worden und bisher unbekannt geblieben sei, und dass dieser Zwillingsbruder anstelle von X die Tat begangen habe. Ebenso gut könnte sich der Verteidiger auf Telepathie berufen.[17] Die mögliche Existenz dieses Zwillingsbruders eröffnet zwar die Möglichkeit, dass X die Tat nicht begangen hat, allerdings auf eine Weise, die keinen Geschworenen überzeugen wird. Es handelt sich eben um eine abgelegene, „reine" Möglichkeit, ein *possibilium absolutum*. Die Aufgabe des Verteidigers ist es nicht zu zeigen, dass die Behauptung von X's Unschuld logisch konsistent ist, sondern dass sie plausibel ist. Nach van Inwagen ist es in der gegenwärtigen Theodizee-Debatte üblich geworden, zunächst das sog. *logical problem of evil* zu behandeln, wie es etwa durch (PE) formuliert werden kann. Pike kann durch die Einführung von A' das *logical problem of evil* lösen. $\neg H$ ist nicht mehr eine zwangsläufige Konsequenz, wenn es möglich ist, dass A' falsch ist. Doch stellt die reine Möglichkeit der Falschheit von A' eine Verteidigung Gottes dar, die ebenso wenig überzeugend ist wie jene, die der Verteidiger von X bei van Inwagen liefert. Eine reine Möglichkeit reicht nicht aus; was gefordert wird, ist vielmehr eine „real possibility".[18] Daher ist es auch nicht sinnvoll, zuerst das *logical problem of evil* zu lösen, um erst im Anschluss eine konkrete $\neg A'$-Lösung, d.i. eine plausible Verteidigung Gottes, zu geben.[19]

---

16 Zum Begriff vgl. THOMAS, STh I, q. XXV, a. III in resp.

17 Vgl. VAN INWAGEN, 2005, 196.

18 AaO., 197.

19 In der Literatur wird dem *logical problem of evil* oft das sog. *evidential problem of evil* gegenübergestellt. „The evidential problem of evil consists in the [...] claim, that features of our world render it improbable, or unreasonable to believe, that such a God exists" (MORRIS, 1984, 173). Dass die Existenz Gottes nicht unwahrscheinlich ist, kann Pike gerade nicht zeigen. Dazu bedürfte es

Van Inwagen führt in diesem Zusammenhang eine weitere Unterscheidung ein.

> But suppose, although I believe in God, I *don't* claim to know what God's reasons for allowing evil are. Is there any way for someone in my position to reply the argument from evil?[20]

Van Inwagen bejaht die Frage. Was er zu geben vermag, sei zwar keine *theodicy* im strengen Sinne des Wortes, wohl aber eine *defence.* Eine *theodicy* erhebt den Anspruch wahr zu sein, d.i. die wirklichen Gründe Gottes für die Zulassung des Übels anzugeben. Von einer *defence* wird nur verlangt, dass sie eine mögliche Erklärung für Gottes Zulassung des Übels gibt, wobei diese Erklärung selbst plausibel sein, d.i. eine reale Möglichkeit darstellen muss.

> A philosopher who responds to the argument from evil typically does so by telling a story, a story in which God allows evil to exist. This story will of course, represent God as having reasons for allowing the existence of evil, reasons that, if the rest of the story were true, would be good ones. Such a story philosophers call a *denfence.*[21]

In einer *defence* und in einer *theodicy* werden Geschichten erzählt. In der FWD wird die Geschichte erzählt, wie Gott das Übel billigend in Kauf nimmt um des hohen Gutes der Freiheit willen. In der VRS wird erzählt, dass Gott ein bestimmtes Übel zulässt, damit daraus ein höheres Gut folge, z.B. aus dem Übel des Verbrechens das Gut der Vergebung. Würden FWD und VRS den Anspruch erheben, eine *theodicy* im Sinn van Inwagens zu sein, gerieten sie notwendig miteinander in Konflikt. Beide würden versuchen, die wirklichen Gründe Gottes für die Zulassung des Übels zu benennen, d.i. die

---

einer „real possibility" im Sinne van Inwagens. Das *evidential problem of evil* ist daher identisch mit der Forderung, eine *plausible* Erklärung zu geben, warum A' zurückzuweisen ist.

20 Van Inwagen, 2005, 195.

21 AaO., 196.

Wahrheit über Gottes Gründe auszusagen. Wo es aber um Fragen der Wahrheit, nicht der Plausibilität geht, können zwei unterschiedliche Erklärungen nicht nebeneinander bestehen. Wenn Schlesinger am Ende des Theodizee-Kapitels in *Religion and Scientific Method* glaubt, zumindest drei Wege aufgezeigt zu haben, auf welchen das *problem of evil* gelöst werden kann,[22] so besagt dies indirekt, dass auch die NBWS nicht den Anspruch erhebt, die wirklichen Gründe Gottes zu benennen, sondern nur eine plausible *defence* zu liefern.

Die beiden Unterscheidungen, die van Inwagen einführt, sind hilfreich, da sie zeigen, was minimal von einer Theodizee (von hier an im weiteren Sinne einer *defence* verstanden) gefordert werden muss und was maximal von ihr gefordert werden darf. Was minimal von jeder Theodizee gefordert werden kann, ist, dass sie eine *story* erzählt, die Gründe für Gottes Zulassung des Übels angibt. Diese *story* darf aber nicht ein *possibilium absolutum* darbieten, sondern muss eine reale Möglichkeit aufzeigen. Schlesinger betont gegenüber Pike zu Recht, dass die reine Möglichkeit, dass A' falsch ist, nicht ausreicht, um das wahre *problem of evil* zu lösen, das eben mehr ist als ein rein logisches Problem. Was von einer Theodizee indes nicht gefordert werden muss, ist eine Benennung der wirklichen Gründe Gottes. Eine Theodizee im Sinne einer *defence* muss nicht wahr sein. Was von ihr maximal gefordert werden kann, ist eine plausible *story*.

Für eine Theodizee im Sinne einer *defence* ist aber noch ein weiterer Punkt entscheidend. Dass Gott existiert, wird von ihr schlicht als Hypothese vorausgesetzt. Mehr noch, ob das Dasein Gottes bewiesen werden kann, ist für eine solche Theodizee von keiner Bedeutung. Der Atheist formuliert das *problem of evil*, um zu zeigen, dass der Glaube des Theisten irrational ist. Der Theist verteidigt daraufhin die Konsistenz seiner Behauptungen, indem er eine plausible Erklärung gibt, warum das *problem of evil* scheitert. Anders gewendet, der Theist verteidigt die Rationalität, nicht die Wahrheit seines Glaubens. Wird freilich Theodizee als *theodicy* im Sinne van

22 Vgl. Schlesinger, 1977, 79.

Inwagens verstanden, dann muss auch die Existenz Gottes thematisiert werden. Soll gezeigt werden, welches die wirklichen Gründe Gottes für die Zulassung des Bösen sind, dann muss auch gezeigt werden, dass dieser Gott wirklich existiert. Die Unabhängigkeit des Versuchs einer Theodizee von Beweisen des Daseins Gottes hat m.E. als erster David Hume erkannt. In seinen *Dialogues Concerning Natural Religion* ist es Philo, der das Scheitern des physikoteleologischen Gottesbeweises an der Existenz des Übels konstatiert, zugleich aber die Möglichkeit zugesteht, dass es eine Kompatibilität der Existenz Gottes mit der Existenz des Übels geben könne.[23] Dass Gott ein Attribut wie „allmächtig und zugleich omnibenevolent" zukommt, ist angesichts der existierenden Welt zunächst wenig wahrscheinlich. Hume macht hier ein interessantes Gedankenexperiment: Ein Mensch, der weiß, dass Gott die Welt erschaffen hat und genau so ist, wie ihn der Theist sich vorstellt, die reale Welt aber nie gesehen hat, würde sicher eine ganz andere Welt als die existierende erwarten.[24] Ist eine Deduktion der Welt aus den Eigenschaften Gottes unmöglich, so gilt auch das Umgekehrte. Ein Beweis des Daseins Gottes *ex creaturis* ist unmöglich. Wenn der Theist aber trotz mangelnder Evidenz an das Dasein Gottes glaubt, so kann er diesen Glauben durchaus verteidigen, indem er die keineswegs evidente Behauptung des Daseins Gottes mit der allzu evidenten Behauptung, dass Übel existiert, als konsistent erweist. „The consistency is not absolutely denied, only the inference."[25] Wenn im Anschluss an Schlesinger und van Inwagen eine „real possibility" gefordert wird, um das *problem of evil* zu lösen, so bleibt diese Forderung im Bereich der Frage, ob es eine *consistency* gibt. Nur erwarten Schlesinger und van Inwagen eben mehr als einen Hinweis darauf, dass es überhaupt möglich ist, eine solche *consistency* anzugeben. Die Frage der *inference,* d.i. eines Beweises des Daseins Gottes, ist damit nicht berührt. Denn bei der „real possibility" handelt es sich um

---

23 Vgl. HUME, DCNR, 444.
24 Vgl. ebd.
25 AaO., 446.

eine plausible Erklärung des Übels, *vorausgesetzt* Gott existiert. Es geht nicht darum zu zeigen, dass Gottes Existenz wahrscheinlich ist, sondern darum zu zeigen, dass das *problem of evil* die Existenz Gottes nicht unwahrscheinlicher oder gar unmöglich macht. Der Theist kann Philos Zugeständnis nutzen, indem er eben jene *consistency* konkret erweist und so Angriffe gegenüber seinem Glauben abwehrt. Philo von der Existenz Gottes zu überzeugen, vermag er auf diese Weise nicht.[26]

26 Der hier entwickelte Theodizeebegriff hält sich an die analytische Tradition der Religionsphilosophie. In der Lösung des *problem of evil* die Aufgabe einer Theodizee zu sehen, ist aber keineswegs Konsens aller philosophischen Traditionen. Vgl. hierzu Geyer, 1992, 233f.

2 Schlesingers *No Best World Solution* von 1964

2.1 Schlesingers ursprüngliches Argument

Schlesingers Lösung des *problem of evil* erscheint zunächst simpel. Was sie interessant macht, ist m.E. aber gerade, dass das Argument sich bei näherer Betrachtung als äußerst komplex erweist. Das beweist nicht zuletzt die rege Debatte um die NBWS. Im Folgenden soll zunächst die ursprüngliche Fassung des Arguments von 1964 dargestellt werden, wobei drei wesentliche Aspekte näher entfaltet werden. Gleichzeitig wird versucht, die NBWS gegenüber anderen Theodizee-Versuchen abzugrenzen, um so zunächst ihre Stärke herauszustellen.

Schlesingers Grundgedanke ist, dass die vielen Schwierigkeiten, die das *problem of evil* bereitet, letztlich mit dem Konzept einer unendlichen Allmacht und eines unendlichen Wohlwollens Gottes im Zusammenhang stehen. An diesem Punkt muss angesetzt werden, soll das *problem of evil* gelöst werden.

> I shall want to suggest that, in addition, the concept of infinity is involved, in a hitherto uncontemplated way, in the question of wheter there is in eradicable evil, and that therein lies the key to the dissolution of the problem.[1]

Dieses *concept of infinity* besteht laut Schlesinger darin, dass zu jedem Zustand des Universums ein noch besserer Zustand, zu jeder möglichen Welt eine noch bessere mögliche Welt gedacht

1 Schlesinger, 1964, 244. Zum Begriff der *dissolution* s.u. 29.

werden kann. Die beste aller möglichen Welten ist daher ein infiniter Begriff. Einen infiniten Begriff zu realisieren, ist aber auch für ein allmächtiges Wesen nicht möglich. Die beste aller möglichen Welten, als welche Leibniz glaubte die reale erweisen zu können, kann also niemals die reale sein. *No best possible world solution* in Schlesinger Sinn heißt daher weit mehr, als dass die aktuale Welt nicht die beste aller möglichen Welten ist. *No best possible world solution* bedeutet: Es gibt keine beste mögliche Welt und kann sie niemals geben. In der NBWS^{1964} entwickelt Schlesinger diesen Gedanken in fünf Schritten.[2] Sie können zunächst in der Form von Thesen formuliert werden.

1. Das Ausmaß des Übels ist irrelevant für die Lösung des *problem of evil.*

2. Als ein universales ethisches Prinzip gilt: Es ist eine moralische Verpflichtung, nicht nur das Leid anderer Personen zu mindern, sondern auch ihr Glück (*happiness*) so weit wie möglich zu befördern. Die Verpflichtung gilt für Gott ebenso wie für jeden Menschen.[3]

3. Gott ist nicht verpflichtet, das herbeizuführen, was logisch unmöglich ist.

4. Den Zustand größten Glückes (d.i. die beste mögliche Welt) herbeizuführen, ist logisch unmöglich.

5. Gott ist nicht verpflichtet, den Zustand größten Glückes (d.i. die beste mögliche Welt) herbeizuführen. Das universale ethische Prinzip ist, auf ihn angewandt, sinnlos.

Einer näheren Erörterung bedürfen allein die ersten drei Schritte. Die Vorbereitung des Arguments erfolgt im ersten Schritt, das eigentliche Argument im zweiten bis fünften. Während Schlesinger

---

2 Vgl. zum Folgenden SCHLESINGER, 1964, 246.

3 Schlesinger benutzt das Wort *happiness* in einem Sinne, der sich nicht ganz mit dem dt. „Glück" deckt. Daher wird im Folgenden zumeist die engl. Variante beibehalten.

1964 den Gedanken, dass das Ausmaß des Übels irrelevant für das *problem of evil* ist, noch im engsten Zusammenhang mit der NBWS erörtert, widmet er ihm 1977 ein eigenes Kapitel. Dies ist insofern konsequent, als dem Gedanken nicht nur für die NBWS, sondern für jeden Versuch, das *problem of evil* zu lösen, entscheidende Bedeutung zukommt. Wird die Frage nach dem Ausmaß des Übels hier dennoch im Zusammenhang mit der NBWS behandelt, so liegt der Grund in der ursprünglichen argumentativen Zusammengehörigkeit des ersten und zweiten Schrittes. (Vgl. Abschnitt 2.1.1.) Was der zweite Schritt durch die Formulierung des universalen ethischen Prinzips leistet, ist v.a. eine Präzisierung des Begriffs der Omnibenevolenz. (Vgl. Abschnitt 2.1.2.) Diese Präzisierung ist nur möglich, wenn bereits klar ist, dass Gott zu mehr als zur Aufhebung des Übels verpflichtet ist, wie im ersten Schritt gezeigt wird. Die letzten drei Schritte hängen eng zusammen. Während in den ersten beiden Schritten die Omnibenevolenz Gottes im Zentrum steht, bildet in den letzten drei der Begriff der Allmacht Gottes das argumentative Scharnier. (Vgl. Abschnitt 2.1.3.)

2.1.1 Das Ausmaß des Übels

Es darf als philosophiegeschichtlicher Gemeinplatz gelten, dass das Erdbeben von Lissabon im Jahr 1755 dem Optimismus der Leibnizschen Theodizee ein jähes Ende bereitete.[4] Ein neues Übel von ungeheurem Ausmaß erschütterte die europäische Welt und ließ es fortan wenig plausibel erscheinen, jedwedes Übel als *conditio sine qua non* der besten aller möglichen Welten zu betrachten. Erlitt die Theodizee 1755 bereits einen empfindlichen Schlag, so schien es nach den beiden Weltkriegen und der Shoah des jüdischen Volkes im 20. Jahrhundert völlig aussichtslos, eine Theodizee im Sinne des Leibniz zu verfassen.[5]An die Stelle einer Theodizee traten andere

4 Vgl. VOLTAIRE, Candide, 14ff.

5 „Given the two World Wars, the numerous smaller wars and other calamities, and – not least important – our much greater awareness of disasters and human suffering occuring all over the globe, the optimism of a Leibniz-type

Versuche, die Existenz eines gütigen Gottes angesichts des Übels in der Welt zu behaupten. Firmierten diese Versuche teilweise noch unter dem Titel einer Theodizee, so war dies in einem ganz anderen Sinn als dem oben entwickelten gemeint. Geyer nennt solche Versuche treffend „Theodizeeanalogien“.[6] Prominent sind hier besonders die Versuche der Prozesstheologie und der sog. Holocaustheologie.[7] Beiden Strömungen nahe steht der Ansatz des Gnosis-Forschers Hans Jonas. Für ihn besteht die einzige Möglichkeit die Existenz Gottes zu behaupten darin, die Allmacht Gottes zu leugnen.

> Nach Auschwitz können wir mit größerer Entschiedenheit als je zuvor behaupten, daß eine allmächtige Gottheit entweder nicht allgütig oder (in ihrem Weltregiment, worin allein wir sie erfassen können) total unverständlich wäre. Wenn aber Gott auf gewisse Weise und in gewissem Grade verstehbar sein soll (und hieran müssen wir festhalten), dann muss sein Gutsein vereinbar sein mit der Existenz des Übels, und das ist er nur, wenn er nicht *all*-mächtig ist. [8]

So eindringlich Jonas' Plädoyer ist, steht es doch vor wesentlichen argumentativen Problemen. Wer von einem nicht-allmächtigen Gott spricht, muss sich dem Verdacht ausgesetzt sehen, einen unsichtbaren Gärtner zu behaupten.[9] Änderungen des Gottesbegriffs zur Erklärung des Übels erwecken den Eindruck von *ad-hoc*-Modifikationen. Die ursprüngliche Behauptung, dass ein allmächtiges, allwissendes und omnibenevolentes Wesen zugleich mit dem Übel in der Welt existieren kann, wird von Jonas schlicht durch eine andere ersetzt. Ein solches Vorgehen ist argumentativ wenig überzeugend, da nicht klar ist, wie die Behauptung der Existenz Gottes

theodicy is neither plausible nor especially appealing“ (Hasker, 2005, 434).

6 Vgl. Geyer, 1992, 209f.

7 Schlesinger setzt sich v.a. mit Vertretern der sog. Holocaust-Theologie (Richard Rubenstein u.a.) auseinander. (Vgl. Schlesinger, 1988a, 70ff.)

8 Jonas, 1987, 39f.

9 Das Folgende ist orientiert an Flew, 1955, 96ff.

überhaupt noch falsifiziert werden kann. Wenn ein wesentliches Prädikat wie das der Allmacht fällt, können Gott auch andere Eigenschaften abgesprochen werden. Gleichgültig wie nun die Welt aussieht, das *problem of evil* kann immer dadurch gelöst werden, dass diejenige Eigenschaft Gottes aufgegeben wird, die mit dem momentanen Zustand der Welt konfligiert, bis Gott schließlich einen Tod durch Modifikationen erleidet.[10] Schlesinger hat sich daher zu Recht gegen jede Art von *ad-hoc*-Modifikationen verwahrt, wenn es um eine Lösung des *problem of evil* geht.[11]

Jonas' Position steht stellvertretend für eine ganze Strömung in der neueren Religionsphilosophie und Theologie, die sich nach den Schrecken des zwanzigsten Jahrhunderts auf eine „Revision" des Gottesbegriffs zurückzog.[12] Umso begrüßenswerter ist es, wenn Schlesinger zeigen kann, dass die Situation für die Theodizee im zwanzigsten Jahrhundert keine andere ist als im siebzehnten oder achtzehnten Jahrhundert. Das Ausmaß des Übels, welches Jonas gerade zu einer „Revision" des Gottesbegriffs veranlasst, ist nach Schlesinger für die Lösung des *problem of evil* schlicht irrelevant.

> Multiply or divide the amount of pain in the world by a billion, and its incompatibility with Divine goodness and omnipotence is not affected.[13]

Mag man diese Behauptung zunächst perhorreszieren, so darf nicht vergessen werden, dass Schlesinger genau zwischen dem *problem*

10 Vgl. ebd.

11 Vgl. SCHLESINGER, 1983, 67. Auf Jonas könnte direkt bezogen werden: „It should be evident that if we permit ourselves to shape our theology to suit our perceived needs, then it becomes rather easy – indeed trivially so – to philosophize about religion" (SCHLESINGER, 1988a, 69).

12 Vgl. ROSENAU, TRE XXXIII, 223; vgl. auch aaO., 226.

13 SCHLESINGER, 1964, 245. Deutlicher DERS., 1977, 16, bezogen auf die Shoah: „Now it is probably true that the horrors of Nazism are quite unprecedented in history not only in scope but even in qualitiy, [...]. However, the advent of the German concentration camps has not in any way augmented the problem of evil. There is a logical incompatibility among omnipotence, omnibenevolence and the existence of evil, and this incompatibility is quite independent of the quantity and quality of evil." Vgl. ferner auch DERS., 1982, 25, Anm. 1.

of evil und dem *problem of suffering* unterscheidet, d.i. dem Problem der Existenz des Übels und dem Problem des individuellen Leidens. Dem Unterschied zwischen dem *problem of suffering* und dem *problem of evil* entspricht der Unterschied zwischen einem emotionalen und einem philosophischen – wohlgemerkt aber nicht rein logischen – Problem.[14] Selbst wenn gezeigt werden kann, dass die Annahme der Existenz Gottes mit der des Übels nicht inkompatibel ist, so bleibt doch der Schmerz des einzelnen. Diesen „Fels des Atheismus"[15] vermag keine Theodizee zu heben. Nun ist aber das Ziel einer Theodizee keineswegs, den Atheisten von der Existenz Gottes zu überzeugen, sondern dem Theisten, der seinem Schmerz zum Trotz an die Güte eines allmächtigen Gottes glaubt, ein Argument an die Hand zu geben, mit dem er die Rationalität seines Glaubens verteidigen kann.

Das philosophische Problem, das jede Theodizee versucht zu lösen, ist laut Schlesinger unabhängig davon, welches Ausmaß des Übels in einer Welt vorkommt. Zwar ist es auf den ersten Blick einleuchtend, ein „certain minimum level"[16] des Übels anzunehmen, das zu erreichen genügt, um das *problem of evil* aus der Welt zu schaffen, aber ein Blick auf die formale Gestalt des Problems genügt, um diese Annahme als Trug zu entlarven. Besteht das *problem of evil* in seiner einfachsten Fassung in der Inkompatibilität der Sätze „Gott existiert" und „Übel existiert", so ist der *amount of evil* hier gar nicht involviert. Es genügt, dass es irgendeine Form von Übel gibt. Dass ein einziger Mensch einen einzigen kurzen Augenblick ein leichtes Gefühl des Unbehagens, eine „slightest inconvenience" empfindet, reicht nach Schlesinger aus, um das *problem of evil* konstruieren zu können.[17] Von einem allmächtigen Wesen kann erwartet werden, dass es jegliches Übel verhindert, nicht nur Übel von dem Ausmaß eines Erdbebens. Die Inkompatibilität der Sätze „Gott existiert" und „Übel existiert" entsteht unabhängig davon, wie viel Übel existiert.

14 Vgl. Schlesinger, 1964, 245f. Vgl. auch ders., 1977, 14.
15 Vgl. Büchner, Danton, 63 (= 3. Akt, 1. Szene).
16 Vgl. Schlesinger, 1964, 245.
17 Vgl. aaO., 246. Vgl. auch Schlesinger, 1977, 15. ders., 1988a, 71.

Entsprechendes gilt auch von der Qualität des Übels. Schlesinger geht aber noch einen Schritt weiter und eben dieser Schritt ist es, der zur Vorbereitung der NBWS dient.

> It should be added that even if no one ever experienced any pain or discomfort but some were deprived of positive happiness the problem would remain.[18]

Wenn jegliches Vorkommnis von Übel erlaubt, das *problem of evil* zu konstruieren, d.i. Quantität und Qualität des Übels keine Bedeutung haben, ist es plausibel, auch in dem Mangel an Glück einen Grund gegen die Existenz Gottes zu sehen. Nicht nur die Positivität des Übels, sondern auch die Ermangelung eines intrinsischen Gutes spricht gegen die Existenz Gottes. So wäre z.B. eine Welt, in der kein Übel vorkommt, in der aber auch niemand glücklich ist, weit davon entfernt, die beste aller möglichen Welten zu sein. Will man dies veranschaulichen, so stelle man sich mit Schlesinger eine Linie vor mit den „Endpunkten" A und B (im Folgenden *happiness*-Linie).[19] Von Endpunkten kann hier nur uneigentlich gesprochen werden, da die *happiness*-Linie nach Schlesinger in beide Richtungen unendlich sein soll. Wenn Schlesinger von dem „infinetly remote end of the line" spricht,[20] ist seine Veranschaulichung, wie Winslow Shea richtig bemerkt hat, zumindest ungenau.[21] Entweder ist eine Linie unendlich und hat trivialer Weise keine Endpunkte oder sie hat Endpunkte und ist endlich. Dass die *happiness*-Linie nicht gezeichnet werden kann, versteht sich daher von selbst. Die günstigste Interpretation, die man Schlesinger hier widerfahren lassen kann, besteht darin, mit Shea eine doppelte Veranschaulichung anzunehmen. Die endliche Linie AB ist eine Veranschaulichung einer unendlichen Linie, welche wiederum den Sachverhalt selbst veranschaulicht. Wenn im Folgenden von der *happiness*-Linie gesprochen wird, soll immer

18 Schlesinger, 1964, 246.
19 Vgl. zum Folgenden Schlesinger, 1965, 22.
20 Vgl. ebd.
21 Vgl. Shea, 1970, 222f. Zu Sheas hieran anschließender Kritik s.u. 45, Fn. 83.

eine unendliche Linie gemeint sein und die Rede von „Endpunkten" immer uneigentlich verstanden werden. Sind A und B nun unendlich weit entfernte „Endpunkte", A unendlich weit links, und B unendlich weit rechts positioniert, dann kann der Punkt A als der Punkt des maximalen Übels, der Punkt B als der Punkt maximaler *happiness* aufgefasst werden. In der „Mitte" zwischen A und B liegt der Punkt 0, der den neutralen Zustand, in dem es weder Übel noch Glück gibt, repräsentiert.

Erinnert man sich nun daran, dass das *problem of evil* in seiner ursprünglichen Fassung in der Inkompatibilität von zunächst zwei Behauptungen bestand,[22] wobei galt:

(A2) Es existiert Übel,

dann wird deutlich, dass durch das *problem of evil* Gott nur angeklagt wird, eine Welt zu realisieren, die zwischen den Punkten A und 0 liegt. Sobald er aber eine Welt realisieren würde, die im Punkt 0 liegt, d.i. eine Welt, in der es weder Übel noch Glück gibt, wäre (A2) falsch und die Inkompatibilität mithin gehoben. Wenn Gott aber ein allmächtiges und omnibenevolentes Wesen ist – dies war ja gerade die Behauptung (A1) –, dann gibt es keinen Grund für ihn, nicht über den Punkt 0 hinaus zu gehen. Wenn er allmächtig ist, kann er auch eine Welt realisieren, die zwischen den Punkten 0 und B liegt; wenn er omnibenevolent ist, will er es auch. Omnibenevolenz schließt nicht nur die Duldung des Übels aus, sondern sie schließt auch die Beförderung der *happiness* ein. Genauer, Allmacht und Omnibenevolenz implizieren gemeinsam, dass Gott gerade eine Welt realisieren will und muss, die im unendlich weit rechts positionierten Punkt B liegt. Gott muss nicht nur alles Übel beseitigen, sondern auch jeden Zustand nicht-maximaler *happiness*. Die Behauptung (A2) ist daher umzuformulieren.[23]

(A2′) Es gibt etwas in der aktualen Welt, das ein omnibenevolentes Wesen nicht tolerieren kann.

22 S.o. 3.
23 Vgl. SCHLESINGER, 1964, 246.

Dieses „etwas" kann in vielem bestehen, in schrecklichem Leiden, in einer „slightest inconvenience" oder auch darin, dass ein einziges Geschöpf nicht vollkommen glücklich ist. Quantität und Qualität der Ereignisse verlieren hier völlig an Bedeutung. Es ist nicht einmal mehr notwendig, dass diese Ereignisse als leidvolle erfahren werden. Es genügt, dass sie solche sind, die in einer Welt, die Gott erschaffen hat und regiert, nicht vorkommen dürfen. Jede Welt, die nicht im „Endpunkt" B liegt, ist eine Welt, die nicht sein darf. Alle Ereignisse, die nicht Teil einer Welt im „Endpunkt" B sind, sind in Bezug auf das *problem of evil* – keineswegs aber in Bezug auf das *problem of suffering* – als gleichrangig zu betrachten. Wenn der atheistische Kritiker das *problem of evil* konstruiert, fordert er von Gott nicht zu viel, sondern zu wenig. Von einem allmächtigen und omnibenevolenten Wesen kann erwartet werden, dass es einen Zustand herbeiführt, der in jeder Hinsicht der beste ist.

2.1.2 Ein universales ethisches Prinzip

Das *problem of evil* kann nur dann gelöst werden, wenn klar ist, nach welchem ethischen Maßstab die Handlungen Gottes zu beurteilen sind. Dass überhaupt ein solcher Maßstab für die Handlungen Gottes festgelegt wird, ist nicht Hybris der menschlichen Vernunft, sondern unmittelbare Folge dessen, dass Gott „gut" genannt wird. Mehr noch, Schlesinger behauptet, dass ein „moral criterion *from human affairs*" zugrunde gelegt werden müsse,[24] wenn es um die Handlungen eines guten Gottes gehen soll. Ein Gegner dieser Position könnte einwenden: *Divine goodness* und *human goodness* seien schlicht Äquivokationen. Was „gut" in Beziehung auf Gott heißt, sei semantisch völlig verschieden von dem, was „gut" in Bezug auf Menschen heißt.[25] Schlesinger pariert mit dem Einwand, dass „gut" und „böse" die „only moral notions we have" darstellen.[26] Entweder dürfen wir sie in der Bedeutung, die sie üblicherweise haben,

24 Vgl. Schlesinger, 1964, 246.
25 Vgl. aaO., 244.
26 Vgl ebd.

auch auf Gott anwenden, oder wir können sie überhaupt nicht auf Gott anwenden. Was der Verteidiger der Äquivokation behauptet, ist nach Schlesinger, dass er zwar nicht wisse, welche Bedeutung dem Wort „gut" zukomme, wenn es auf Gott angewendet wird, er aber der festen Überzeugung sei, es werde schon irgendetwas bedeuten – eine Position, die zu Recht als absurd bezeichnet werden kann. Entweder können wir von Gott reden oder wir können es nicht. Wenn *wir* aber von Gott reden können, dann müssen wir es auch in menschlichen Begriffen tun können. Anders gewendet: Wenn überhaupt von Gott geredet werden kann, dann muss von ihm univok geredet werden. Äquivokationen sind Schall und Rauch. Wenn aber Gott im gleichen Sinne „gut" genannt wird wie menschliche Akteure, dann muss es auch möglich sein, ihn nach denselben ethischen Maßstäben zu beurteilen.[27] Schlesinger kann nun sein „moral criterion" formulieren, das sowohl für Menschen als auch für Gott Gültigkeit besitzt.

> [...] if I have the opportunity to cause a person extreme happiness without harming anyone, without any expense or effort on my part, and I am aware of this, (even though *he* may not be) then if I refrain from doing so, I am morally reprehensible.[28]

Es ist eine moralische Verpflichtung, die sowohl für Menschen als auch für Gott gilt, jedermanns *happiness* so weit wie möglich zu steigern, vorausgesetzt, alle übrigen Dinge bleiben gleich. Dieses universale ethische Prinzip kann in Form einer unbedingt zu befolgenden Regel formuliert werden:

---

27 Schlesingers gesamte Argumentation kann freilich nur dann aufrecht erhalten werden, wenn zugestanden wird, dass, vorausgesetzt Gott existiert, in der religiösen Sprache etwas Wahres über Gott ausgesagt wird. Von einem expressivistischen Standpunkt aus, d.i. wenn in der Aussage „Gott ist gut" nur der Ausdruck einer religiösen Empfindung oder Gesinnung gesehen wird, ist die NBWS nicht formulierbar.

28 Schlesinger, 1964, 246.

(R) *Ceteris paribus* steigere das Glück von Person A so weit wie möglich.[29]

Auffällig ist hier, dass Schlesinger auf den Begriff des Übels gänzlich verzichtet, d.i. rein positiv formuliert.[30] Denkt man an die *happiness*-Linie zurück, ist dieser Schritt auf den ersten Blick gerechtfertigt. Verminderung des Übels und Steigerung der *happiness* sind gleichartige Handlungen. Sie bestehen darin, eine möglichst große Annäherung an den rechten „Endpunkt" B zu gewährleisten. Da die *happiness*-Linie unendlich ist, kann es keine wirkliche Mitte dieser Linie geben. Der Punkt 0 ist eben nur ein „Mittelpunkt", der Mittelpunkt einer Linie, die selbst eine Veranschaulichung der *happiness*-Linie ist. Wenn es aber keine Mitte der unendlichen *happiness*-Linie gibt, kann nicht sinnvoll zwischen Handlungen, die Übel vermindern, und Handlungen, die Glück befördern, unterschieden werden. Dieser Gedanke ist für die gesamte Diskussion um die NBWS von zentraler Bedeutung.[31] Zunächst muss jedoch noch auf eine wesentliche Voraussetzung der NBWS aufmerksam gemacht werden.

Schlesinger betont, dass die Befolgung des universalen ethischen Prinzips, d.i. der Regel (R), eine moralische Verpflichtung („moral obligation"[32]) darstelle. Es sei Pflicht, dass Glück einer Person A so weit wie möglich zu steigern. Nun ist aber die Rede von moralischen Verpflichtungen keineswegs selbstverständlich. Es ist vielmehr eine *petitio principii*, wenn Schlesinger seiner gesamten Argumentation eine deontologische Ethik zugrunde legt. Schlesinger zeigt sich vollkommen unbekümmert darum, dass die ganze NBWS nur dann tragfähig ist, wenn eine bestimmte ethische Position, hier die deontologische, geteilt wird.

Michael Tooley hat – aufgrund der gegenwärtigen Dominanz konsequentialistischer Ethiken – versucht eine Version der NBWS vorzu-

29 Explizit erst Schlesinger, 1982, 28.

30 Morris' Wiedergabe der Regel (R) ist daher sehr wohlwollend. (Vgl. Morris, 1984, 177.)

31 Vgl. zu diesem Punkt v.a. die Kritik von La Para. (S.u. 30ff.)

32 Schlesinger, 1964, 246.

legen, die einem „consequentialist approach" entgegenkommt.[33] Nach Tooley besteht der Kern der NBWS darin, dass es gleichgültig ist, welche Welt Gott realisiert. Er kann niemals eine moralisch falsche Handlung begehen. In diesem Fall wäre es Gott aber auch erlaubt, eine höllengleiche Welt zu realisieren, was stark kontraintuitiv ist. Bei der konsequentialistischen Variante der NBWS kommt es aber auf den Wert an, den eine bestimmte Handlung hervorbringt, und der Wert einer höllischen Existenz ist eben sehr gering. Legt man eine konsequentialistische Ethik zugrunde, so Tooley, kann die unendliche Verpflichtung Gottes nicht mehr ausgespielt werden gegen den beunruhigenden Gedanken, dass es Gott auch erlaubt wäre, eine höllische Existenz zu realisieren. Nur wenn der Wert einer Handlung in Bezug auf die unendliche Verpflichtung Gottes bestimmt wird, ist es überhaupt diskutabel, ob es Gott erlaubt ist, jede mögliche Welt zu realisieren. Wenn der Wert einer Handlung nur in dem Wert, den sie hervorbringt, gesehen wird, ist die NBWS schlicht indiskutabel. Die Voraussetzung einer deontologischen Ethik bleibt daher ihre wesentliche *petitio principii*.

2.1.3 Die Allmacht Gottes

Wenn Gott allmächtig ist, dann kann er jeden möglichen Zustand der Welt herbeiführen. Um eine Präzisierung dessen, was hier „möglicher Zustand" heißt, hat sich bereits Thomas von Aquin bemüht. Was ihm gelingt, ist mindestens eine wesentliche Rationalisierung des Glaubens an einen allmächtigen Gott.

> Das, woraus keine Kontradiktion folgt, gehört jenen möglichen Sachverhalten an, in Bezug auf welche Gott allmächtig genannt wird. Diejenigen Sachverhalte aber, die eine Kontradiktion zur Folge haben, werden vom Bereich der göttlichen Allmacht nicht umfasst, weil sie nicht den Sinn möglicher Sachverhalte haben können. Daher wird

33 Vgl. zum Folgenden Tooley, 2008, Abschnitt 5.2.

> man auch eher sagen, dass diese nicht geschehen können, als dass Gott sie nicht herbeiführen könne. [34]

Thomas will Gottes Allmacht auf derartige Sachverhalte beschränkt wissen, die keine Kontradiktion enthalten, d.i. logisch möglich sind. Dass Gott Sachverhalte, die logisch unmöglich sind, nicht herbeiführen kann, schmälert seine Allmacht nicht. Diese Sachverhalte können von keinem moralischen Akteur, und sei er selbst allmächtig, herbeigeführt werden. Der Grund dafür, dass Gott logisch Unmögliches nicht herbeiführen kann, liegt nicht im Begriff seiner Allmacht, sondern in den Sachverhalten selbst begründet.

Nach Schlesinger muss eine Lösung des *problem of evil* beim Allmachtsbegriff ansetzen.[35] Er folgt Thomas darin, die göttliche Allmacht auf das logisch Mögliche zu beschränken.[36] Weitere Einschränkungen nimmt er nicht vor. Auch versteht er Allmacht nicht als isolierte Eigenschaft Gottes, sondern begreift sie mit Anselm von Canterbury als eine Manifestation der grundlegenden göttlichen Eigenschaft der Vollkommenheit.[37] Schlesingers Begriff der Allmacht ist vollkommen traditionell und frei von dem Verdacht, auf *ad-hoc*-Hypothesen zu beruhen. In einem Punkt, der zunächst als Nuance erscheinen mag, geht Schlesinger jedoch über Thomas und die Tradition hinaus. Schlesinger behauptet nicht nur, dass Gott nichts tun könne, was logisch unmöglich ist, sondern auch, dass von Gott nichts gefordert werden könne, das dem Bereich des

---

34 „Quaecumque igitur contradictionem non implicant, sub illis possibilibus continentur, respectu quorum dicitur Deus omnipotens. Ea vero, quae contradictionem implicant, sub divina omnipotentia non continentur; quia non possunt habere possibilium rationem. Unde convenientius dicitur, quod non possunt fieri, quam quod Deus non potest facere" (THOMAS, STh I, q. XXV, a. III, in resp., übers. v. HK).

35 „Divine omnipotence is in fact the crucial in ensuring the elimination of the problem of evil" (SCHLESINGER, 1983, 66).

36 Vgl. SCHLESINGER, 1964, 246.

37 „[...] omnipotence [is] just one of the many manifestations of Divine perfection or of God's being of a greatness such that nothing greater can be conceived" (SCHLESINGER, 1988a, 21).

logisch Unmöglichen angehört.[38]

Die Regel (R) fordert, die *happiness* einer Person so weit wie möglich zu steigern. Da die *happiness* aber unendlich gesteigert werden kann, ist auch diese Verpflichtung unendlich. Menschen sind als endliche Wesen begrenzt und können daher überhaupt nur bis zu einem gewissen Grad die *happiness* steigern. Sie steigern die *happiness,* so weit es ihnen möglich ist, und genügen darin der Regel (R). Gottes Macht ist aber unbegrenzt. Die Regel (R) bedeutet für ihn, den höchsten Grad an *happiness* überhaupt zu realisieren. Da der höchste Grad an *happiness* aber ein infiniter Begriff ist, ist es eine logische Unmöglichkeit, ihn zu realisieren. Was aber logisch unmöglich ist, kann auch von Gott nicht gefordert werden. Gott kann daher von dem universalen ethischen Prinzip, das durch (R) angegeben wird, dispensiert werden. Der Kern dieses Arguments besteht m.E. in einem einfachen Schluss:

(P1) Gott ist nicht verpflichtet, das herbeizuführen, was logisch unmöglich ist.

(P2) Den Zustand der größten *happiness* (d.i. die beste mögliche Welt) herbeizuführen ist logisch unmöglich.[39]

(C) Gott ist nicht verpflichtet, die größte *happiness* (d.i. die beste mögliche Welt) herbeizuführen.

Wenn Schlesinger nun behauptet, dass von Gott nichts logisch Unmögliches gefordert werden kann, *weil* er nichts logisch Unmögliches realisieren kann,[40] so liegt der Verdacht nahe, dass Schlesinger

38 Vgl. Schlesinger, 1964, 246.

39 Die Prämisse (P2) scheint ein Paradox aufzuweisen. Es soll logisch *unmöglich* sein, eine beste *mögliche* Welt zu realisieren. Diese Unmöglichkeit einer Möglichkeit verweist aber vielmehr darauf, dass der Begriff der besten möglichen Welt selbst inkohärent ist. Gerade weil hier aus der Möglichkeit die Unmöglichkeit der Realisation folgt, ist der Begriff selbst sinnlos.

40 Am deutlichsten in der Version der NBWS von 1982: „[...] thus it is logically impossible for God to fulfill what is required by the universal ethical principle, and therefore He cannot fulfill it, and so is not obliged to fulfill it" (Schlesinger, 1982, 29).

ein zweites, nicht unumstrittenes Prinzip voraussetzt. Das oben skizzierte Argument scheint vorauszusetzen, dass Gott nicht über sein Können hinaus verpflichtet werden kann. Seit dem Philosophen Celsus ist als Prinzip der Ethik bekannt: *Ultra posse nemo obligatur.*[41] Gilt dieses Prinzip – zumindest für Gott – nicht, so müsste Schlesinger konstatieren, dass Gott nach der NBWS seine Verpflichtungen schlicht nicht erfüllt. Wenn aus der Tatsache, dass Gott die beste mögliche Welt niemals realisieren kann, nicht mehr folgt, dass er von seiner Verpflichtung, eben dies zu tun, losgesprochen werden kann, dann ist Gott in jeder möglichen Welt anzuklagen. Schlesinger hätte alles andere als eine Theodizee, sondern vielmehr ein Argument gegen die Existenz Gottes geliefert. Es ist daher zu vermuten, dass das Prinzip des Celsus auf Gott angewendet werden muss, soll die NBWS Bestand haben: *Ultra posse Deus non obligatur.*[42]

Schlesinger führt nun aber eine zweite Argumentationslinie ein, die diese Vermutung widerlegt. Auf die Frage, warum von Gott nichts logisch Unmögliches verlangt werden kann, antwortet Schlesinger:

> We cannot ask that He go against the laws of logic for we do not know what it is we are asking of Him; and when He does not do what is logically impossible, there

41 Vgl. zu diesem Prinzip Schwemmer, 2004, 379.

42 Auf ein ähnliches Problem macht auch G. Fulmer in seiner Kritik an Schlesinger aufmerksam: „It is true that in evaluating human acts morally we *sometimes* invoke the limits of an agent's ability: we may defend or exonerate her by saying she did her best. If she did, she cannot be blamed for not having done better, since she could not“ (Fulmer, 1998, 44). Auf dem „sometimes“ liegt das ganze Gewicht. Hätte Schlesinger Recht, so Fulmer, müsste das genannte ethische Prinzip das einzige sein, das wir zur Bewertung menschlicher oder göttlicher Handlungen heranziehen, was Schlesinger nicht nachweise. Vielmehr könnten wir Handlungen untereinander vergleichen und bewerten ohne Rekurs auf die Begrenztheit eines Akteurs, bestimmte Handlungen zu vollbringen. (Vgl. aaO., 45.) Diese Kritik übersieht freilich, dass Gott nach Schlesinger gerade „his best“ nicht tun kann, da das Beste, das Gott tun kann, aufgrund der göttlichen Allmacht nur infinitesimal bestimmbar ist. Vgl. hierzu die Kritik von O'Connor. (S.u. 59ff.)

> just is no feat which we can say he failed to accomplish. (His inability to do what is logically impossible of course does not impair His omnipotence.)[43]

Wenn Schlesinger hier von „inability" redet, ist dies ganz im Sinne der oben skizzierten ersten Argumentationslinie gedacht. Die Begründung dafür, warum Gott von seiner Pflicht dispensiert werden kann, läuft hier selbst aber nicht mehr darüber, dass Gott nichts Unmögliches tun *kann*. Die Begründung ist vielmehr, dass die Forderung, Gott solle das logisch Unmögliche tun, unsinnig ist. Thomas hat festgehalten, dass die Unfähigkeit Gottes, unmögliche Sachverhalte herbeizuführen, in diesen Sachverhalten selbst, nicht in Gottes Können begründet liegt.[44] Gleiches gilt nun nach Schlesinger auf Seiten der Verpflichtung. Nicht deshalb, weil das logisch Unmögliche jenseits einer Schranke selbst des göttlichen Könnens liegt, kann es nicht gefordert werden, sondern deshalb, weil eine solche Forderung selbst gegenstandslos ist. Schlesinger betont hier stärker die Inkohärenz, die im Begriff der besten möglichen Welt liegt, und liefert ein Argument, das auf das Prinzip des Celsus (*ultra posse nemo obligatur*) nicht mehr angewiesen ist. Es ist zu bedauern, dass Schlesinger in seinen Publikationen nach 1964 fast ausschließlich die erste Argumentationslinie verfolgt, welche ohne das Prinzip des Celsus unhaltbar ist.

Abschließend muss nun geklärt werden, ob und, wenn ja, inwiefern die NBWS eine Theodizee in dem in Abschnitt 1 skizzierten Sinn darstellt. Schlesinger selbst meint 1977, dass die NBWS eine von drei Möglichkeiten darstelle, die Wahrheit von (A') zu bestreiten, d.i. einen Grund für die Zulassung des Übels durch Gott anzugeben.[45] Diese Einschätzung ist insofern seltsam, als die NBWS gerade keinen solchen Grund angibt. Ein *greater good,* dass die Zulassung des Übels rechtfertigen könnte, wird nirgends genannt, mehr noch, von einer solchen Zulassung selbst ist nirgends die Rede. Vielmehr

43 Schlesinger, 1964, 246.

44 S.o. 25.

45 Vgl. Schlesinger, 1977, 79.

beruht Schlesingers Argument darauf, dass Gott etwas nicht tun kann, gerade weil er allmächtig ist.[46] Es geht bei der NBWS um eine innere Logik des Allmachtsbegriffs, nicht um einen zureichenden Grund für die Existenz des Übels. Schlesinger liefert, entgegen seiner eigenen Einschätzung von 1977, alles andere als eine Theodizee im oben beschriebenen Sinn. Eine solche Theodizee verlangt ja gerade, dass von Gott gesagt werden kann, er erfülle alle seine Verpflichtungen, obwohl es Übel gibt. Schlesinger hingegen redet davon, dass Gott eine bestimmte Verpflichtung nicht erfüllen könne, weil diese nicht sinnvoll formulierbar ist. Nach Schlesingers Argument muss das *problem of evil* notwendig in jeder möglichen Welt auftreten, da Gott keine Welt realisieren kann, die ohne Übel ist. Damit ist alles andere als eine Lösung des *problem of evil* erreicht, die ja gerade eine plausible *story* bieten müsste, die erklärt, warum das Übel nicht mehr als Übel gelten kann. Schlesingers NBWS ist keine Lösung des *problem of evil*, sondern bringt, wie Schlesinger selbst 1964 gesehen hat[47] und wie auch Thomas Morris attestiert,[48] das Problem vielmehr zum Verschwinden. Klar formuliert Schlesinger 1982:

> There is no room for complaint, seeing that God has not fulfilled the ethical principle which mortals are bound by and has left His creatures in various low states of [happiness]. Thus the problem of evil vanishes.[49]

Nach der NBWS gibt es immer einen Grund sich zu beklagen, weil Gott das, was er tun soll, niemals tun kann. Und gerade daraus, dass immer Grund zur Klage besteht, folgert Schlesinger, dass jede

46 Nur bei dem 1977 vorausgesetzten Begriff des DDS kann gesagt werden, dass Leibniz' *principium melioris* eine gewisse Rolle spielt, (s.u. 53) doch ist damit keineswegs der Kern des Arguments berührt.

47 „[...] the problem of evil disappears [...]" (Schlesinger, 1964, 246). Vgl. auch aaO., 244 („dissolution of the problem").

48 Vgl. Morris, 1984, 175. Morris betont hier, dass die NBWS nicht zu den GGD gehört.

49 Schlesinger, 1982, 29 (hier angepasst an die NBWS^{1964}).

Klage gegenstandslos wird. Paradox formuliert: Wenn es immer Grund zur Klage gibt, gibt es niemals Grund zur Klage. Dies ist die Logik von Schlesingers Argument.[50] Eine Theodizee, wie sie von Schlesinger 1977 charakterisiert wird, muss hingegen gerade zeigen, dass es keinen Grund gibt, sich zu beklagen, weil Gott genau das tut, wozu er verpflichtet ist, wenn auch auf verschlungenen Wegen. So realisiert Gott laut GGD ein bestimmtes Gut, zu dessen Realisation er verpflichtet ist und das ein Übel als *conditio sine qua non* mit sich führt. Schlesingers NBWS erweist sich als ein Versuch, das *problem of evil* zu eliminieren, der nach den von Schlesinger selbst vorgeschlagenen Kriterien nicht mehr als eine Standard-Theodizee wie die von Plantinga oder Swinburne gelten kann. Wenn Schlesinger 1977 gerade aber dies behauptet, verschleiert er die Originalität seines eigenen Arguments.

2.2 Erste Kritiken

2.2.1 Die Kritik von La Para

Die Kritik von La Para steht am Anfang der NBWS-Diskussion und gibt in mehrfacher Hinsicht den Takt für die gesamte Diskussion vor. Zwei wesentliche Punkte dieser vielschichtigen Kritik müssen im Folgenden näher dargestellt werden.

Argument a: La Para unterscheidet zunächst anhand eines Beispiels zwischen zwei Arten von Handlungen. Wenn ein Mensch mit verkrüppelten Armen am Strand steht und sieht, dass ein Schwimmer von einem Hai attackiert wird, kann er das Notwendige, um den Schwimmer zu retten, nicht tun.[51] Seine Behinderung erlaubt es ihm nicht, mit einem Boot zur Rettung zu eilen und so die von ihm geforderte Aufgabe zu erfüllen. Es macht für ihn

50 „Therefore, in any improved situation, there is objectively as much reason for complaining as in the present situation" (Schlesinger, 1982, 30). Nur eine Seite vorher heißt es: „There is no room for complaint [...]."

51 Vgl. zum Folgenden La Para, 1965, 11f.

jedoch auch keinen Sinn, einen Teil der geforderten Handlung zu vollführen. Möglichst schnell zum Boot zu laufen und zumindest einzusteigen scheint sinnlos, da der Verkrüppelte es nicht steuern kann. Der einzelne Teil der geforderten Aufgabe hat, wie La Para formuliert, keinen intrinsischen Wert. Bei dem angegebenen Beispiel handelt es sich um eine *over-all task*, d.i. eine Aufgabe, die zu vollführen nur dann sinnvoll ist, wenn sie vollständig ausgeführt werden kann. Nun gibt es aber auch Handlungen, deren einzelne Teile intrinsischen Wert haben. Jedermann ist z.B. verpflichtet, ein Kind, so weit es ihm möglich ist, vor Gefahr zu bewahren; allerdings gibt es auch Gefahren, vor denen niemand ein Kind bewahren kann. Ich bin aber keineswegs berechtigt, ein Kind vor einer bestimmten Gefahr nicht zu beschützen, nur deshalb, weil ich es nicht vor jeder Gefahr beschützen kann. Ich darf das Kind nicht auf einer befahrenen Straße spielen lassen, auch wenn ich es dadurch nicht davor bewahren kann, überhaupt im Straßenverkehr einer Gefahr ausgesetzt zu sein. Die *parts of a task* haben hier einen intrinsischen Wert. Schlesinger spricht nun 1964 davon, dass es eine Verpflichtung Gottes sei, alles Übel zu beseitigen, jenes Übel, das in einem reinen Mangel an vollkommener *happiness* besteht, eingeschlossen.[52] Gott kann nun diese Aufgabe nicht erfüllen, weil eine beste mögliche Welt ohne jedwedes Übel ein infiniter Begriff ist. Es stellt sich aber die Frage, ob er Teile seiner Aufgabe erfüllen kann. Nach La Para muss Schlesinger voraussetzen, dass die genannte Verpflichtung Gottes darin bestehe, eine *over-all task* auszuführen. Dies kann aber nur dann gelten, wenn die einzelnen Teile der Aufgabe keinen intrinsischen Wert haben. Die Aufgabe, die Gott gestellt wird, hat zwei Teile. Gott muss 1. alle *positive evils* und 2. alle *negative evils* beseitigen. Mit *positive evils* sind alle intrinsischen Übel gemeint, *negative evils* bestehen hingegen in der Abwesenheit von *happiness*, oder, allgemeiner gefasst, in der Abwesenheit eines intrinsischen Gutes.[53] La Para gesteht Schlesinger zu, dass Gott nicht alle *negative*

52 S.o. 20.
53 Vgl. La Para, 1965, 12.

evils beseitigen und mithin die Aufgabe als ganze nicht erfüllen könne. Indes kann, so La Para, aber kaum geleugnet werden, dass auch die Beseitigung lediglich aller *positive evils* einen großen Wert besitzt. Schlesingers Voraussetzung, dass die Gott gestellte Aufgabe eine *over-all task* darstellt, kann folglich nicht mehr aufrechterhalten werden. Auch Gott muss so viel tun, als er zu tun vermag, d.i. alle intrinsischen Übel beseitigen. Seine Unfähigkeit, die beste aller möglichen Welten zu realisieren, dispensiert ihn nicht von der Pflicht, eine Welt ohne *positive evils* zu erschaffen.

Schlesinger stimmt La Paras Unterscheidung zwischen einer *over-all task* und *parts of a task* zu, so lange es um finite Aufgaben geht. Für infinite Aufgaben, wie die von Gott geforderte, treffe diese Unterscheidung indes nicht zu. Erinnert man sich an die *happiness*-Linie, so kann die Regel (R) ersetzt werden durch die Regel (S):

(S) *Ceteris paribus* versetze jedermann in einen Zustand, so dass der Punkt, der diesen Zustand auf der *happiness*-Linie repräsentiert, so weit wie möglich rechts liegt.

Bei finiten Aufgaben ist es möglich, so viel zu tun, als ich zu vermag, auch wenn ich damit nicht die ganze Aufgabe erfülle. Wenn ich einem Kind verbiete auf der Straße zu spielen, ohne es damit vor jeder Gefahr des Straßenverkehrs beschützen zu können, tue ich eben genau so viel, wie in meiner Macht steht. Bei einer infiniten Aufgabe hat es keinen Sinn davon zu reden, dass jemand so viel tut, als er eben kann. Da die *happiness*-Linie in beide Richtungen unendlich ist, tut Gott immer so viel, wie er eben tun kann, gleichgültig, wie weit rechts (oder links) von der „Mitte" 0 der Punkt, der die reale Welt repräsentiert, liegt. Die Regel (S) wird immer befolgt, da „so weit wie möglich rechts" bei einer unendlichen Linie ein sinnloser Begriff ist. Von dem rechten „Ende" der Linie ist jeder Punkt gleich weit, d.i. unendlich weit, entfernt. Nun fragt aber La Para, warum Gott nicht zumindest alle *positive evils* beseitigt, und Schlesinger antwortet abermals *more geometrico*. Die Forderung, zumindest alle *positive evils* zu beseitigen, kann aufgefasst werden als die Forderung, den Punkt, der den Zustand einer bestimmten Person repräsentiert, zumindest über den Punkt 0 hinaus nach rechts zu verschieben. Schlesinger wendet ein:

> Positive and negative parts of the line exist only relative to some zero point which may be situated anywhere.[54]

Die *happiness*-Linie hat streng genommen gar keine Endpunkte und daher kann auch von einer Mitte zwischen diesen Punkten nur uneigentlich gesprochen werden. Die „Mitte" zwischen den beiden unendlich weit entfernten „Endpunkten" kann in der Tat überall auf der unendlichen *happiness*-Linie platziert werden. Um Schlesingers m.E. richtige Intuition zu verdeutlichen: Eine Person X, die in der Welt W_1 existiert, klagt über Zahnweh. In W_1 ist Zahnweh ein positives Übel und liegt auf der *happiness*-Linie links von 0. Nun nimmt Gott der Person X ihr Zahnweh und alle anderen Übel, die in W_1 positive Übel sind, obendrein. Eine neue Situation ist entstanden: die Welt W_2. In W_2 gibt es nun – zumindest für die genannte Person – keines der positiven Übel mehr, die es in W_1 gab. Dennoch ist es für X möglich, abermals in W_2 zwischen positiven und negativen Übeln zu unterscheiden, d.i. den Punkt 0 auf der *happiness*-Linie nach rechts zu verschieben. War z.B. in W_1 Müdigkeit ein negatives Übel für X, weil das einzige, was X an Müdigkeit störte, die Unfähigkeit zu konzentrierter Arbeit war, so kann Müdigkeit in W_2 zu einem positiven Übel werden, d.i. von X, der im Vergleich zu W_1 nun in einem Paradies lebt, als intrinsisch schlecht bewertet werden. Was Schlesinger behauptet, ist nichts anderes als die Relativität des positiven Übels und seine geometrische Veranschaulichung spricht, bei aller Unzulänglichkeit, für ihn. So geschmacklos seine Beispiele sein mögen – etwa von der Mutter, die einmal den Tod ihres Kindes beklagt, und einmal die Tatsache, dass es nicht „bright as Einstein" ist[55] – so doch kann seiner Einsicht, dass die Trennlinie zwischen positiven und negativen Übeln nicht eindeutig fixierbar ist, kaum widersprochen werden.

54 SCHLESINGER, 1965, 22.
55 Vgl. DERS., 1977, 69.

Argument b: Das zweite Argument, das La Para gegen die NBWS vorbringt, ist weniger leicht zu parieren. La Para formuliert zunächst einen generellen Einwand, der gegen eine beliebige mögliche Welt vorgebracht werden könnte.[56] Wenn eine Welt A so beschaffen ist, dass sie schlechter ist als eine Welt B, muss A als eine Welt angesehen werden, die Gott nicht realisieren sollte. Stattdessen sollte er die bessere Welt B realisieren. Da nun nach der NBWS aber jede Welt derart beschaffen ist, dass eine im Verhältnis zu ihr bessere Welt denkbar ist, kann dieser Einwand gegen jede Welt erhoben werden. Gleichgültig, wie eine Welt beschaffen ist, Gott sollte sie nicht realisieren, sondern eine bessere. Gilt dieser Einwand nun für jede Welt, dann verliert er seine „moral force".[57] Es stellt sich die Frage, die schon bei Leibniz begegnet,[58] ob unter der Voraussetzung, dass es keine beste Welt gibt, Gott nicht weise handeln würde, wenn er überhaupt keine Welt erschaffen würde.

> It must be granted that the objection [d.i. der oben genannte Einwand] applies to every act of creation such a being [d.i. Gott] might undertake, for every such act brings about a universe containing less happiness than it might. But does the objection apply to not creating anything?[59]

La Para gibt ein Beispiel. Man stelle sich ein Paar vor, dem ein Astrologe voraussagt, es könne sich entweder dazu entscheiden, am ersten oder am zweiten März ein Kind zu bekommen. Das Kind, das am ersten März geboren wird, würde, ohne irgendeinen Einfluss

56 Vgl. zum Folgenden La Para, 1965, 15.

57 Vgl. ebd.

58 „Und wie in der Mathematik, wenn es kein *Maximum* und kein *Minimum*, kurzum nichts Bestimmtes gibt, alles gleichmäßig geschieht oder, wenn das nicht möglich ist, gar nichts geschieht, so kann man auch bezüglich der Weisheit, die nicht minder geregelt ist als die Mathematik, behaupten, daß, wenn es keine beste (*optimum*) unter allen möglichen Welten gäbe, Gott gar keine würde geschaffen haben" (Leibniz, Th. Bd. I, § 8 (= S. 219), übers. v. H. Herring).

59 La Para, 1965, 15.

auf Glück oder Unglück eines anderen Menschen zu haben (*ceteris-paribus*-Klausel), ein Leben voll Leid und ohne *happiness* führen. Das Kind, das am zweiten März geboren wird, könnte hingegen unter denselben Bedingungen ein äußert glückliches Leben führen. Die äußerst unplausible Annahme einmal zugestanden, dass Astrologen wirklich die Zukunft voraussagen können, so wäre das Paar zu tadeln, wenn es sich dafür entschiede, am ersten und nicht am zweiten März ein Kind zu bekommen. Entschiede es sich hingegen für den zweiten März, gäbe es wohl kaum Anlass zum Tadel. Wenn das Paar aber darauf verzichtete, ein Kind zu bekommen, würde die Möglichkeit sie zu tadeln gänzlich wegfallen. Die Person, an der sie schuldig werden könnten, existierte in diesem Fall gar nicht. Die ethische Forderung würde mithin gegenstandslos. Gott, der die für ihn unendliche Verpflichtung, jedes Geschöpf so glücklich wie möglich zu machen, nicht erfüllen kann, müsste auch dann getadelt werden, wenn er ein Kind wie jenes, das am zweiten März geboren werden soll, erschaffen würde, da auch dieses Kind niemals vollkommen glücklich sein kann, allein aus dem Grund, dass vollkommenes Glück ein inkohärenter Begriff ist. Wenn er jenes Kind aber gar nicht erschaffen würde, gäbe es keinen Anlass ihn zu tadeln, und insofern scheint in der Tat nichts ratsamer für Gott zu sein als auf die Erschaffung des Kindes und überhaupt aller Geschöpfe ganz zu verzichten. Nun hat Gott aber durchaus etwas erschaffen, folglich ist er, gleichgültig, wie seine Schöpfung aussieht oder bewertet werden mag, „open to reproach“.[60] Die Existenz irgendeiner Welt, die notwendig nicht die beste mögliche sein kann, wird zum Problem für den Theismus. Dass überhaupt etwas existiert, wird in gleicher Weise zu einem Argument gegen die theistische Hypothese wie die Existenz des Übels; neben das *problem of evil* tritt das *problem of existence*.[61] Anders gewendet: Da Gott nur etwas erschaffen kann, das nicht best-möglich ist, wird alles Erschaffene zum Übel im Sinne Schlesingers.

60 Vgl. aaO., 16.
61 Vgl. ebd.

Fasst man die Nicht-Existenz einer Welt als eine leere Menge auf, eine „void world“,[62] die keinen Sachverhalt enthält, dann scheint La Para behaupten zu wollen, dass diese leere Welt nicht auf der *happiness*-Linie liegt. Ist jene Linie unendlich, dann gibt es laut La Para auf ihr keinen Punkt, in welchem eine Welt, die keinen Anlass zur Anklage ihres Schöpfers gibt, liegen kann. Gerade dies aber wurde für die „void world“ behauptet.

Schlesinger wendet gegen La Para ein, dass eine leere Welt sehr wohl auf der *happiness*-Linie liegen könne.[63] Genauer, diese „void world“ liegt, so Schlesinger, im Punkt 0, wo auch immer dieser positioniert werden mag. Der Punkt 0 ist *per definitionem* eben jener Zustand, in dem weder Glück noch Unglück auftreten. Unter die unendlich vielen Dinge, die in einer leeren Welt *nicht* vorkommen, gehören auch Glück und Unglück. La Paras leere Welt liegt daher auf der *happiness*-Linie und ist genauso weit von dem höchsten Grad der *happiness* entfernt wie jeder andere Punkt, d.i. unendlich weit.[64] Das Beispiel von La Para aufgreifend, meint Schlesinger, dass das exemplarische Elternpaar sehr wohl getadelt werden müsste, wenn es ganz darauf verzichtete ein Kind zu bekommen.[65] Ist ein nicht-existentes Kind weniger wünschenswert als ein vollkommen glückliches Kind – was unschwer geleugnet werden kann, wenn man sich verdeutlicht, dass der Zustand eines nicht-existenten Kindes durch den Punkt 0 repräsentiert wird –, dann gibt es eine

62 Explizit erst Schlesinger, 1977, 71ff.

63 Vgl. aaO., 72.

64 La Paras leere Welt ist freilich nicht die einzige Welt, die im Punkt 0 liegt. Jede Welt, in der weder Glück noch Unglück auftreten, liegt hier, unabhängig davon, was sonst existiert. Selbst wenn La Paras Argument schlüssig wäre, würde daraus nicht folgen, dass Gott gar keine Welt erschaffen sollte. Eine Welt, in der es sehr viel, aber eben kein Glück oder Unglück gibt, sondern jeder Mensch völlig empfindungslos sein Dasein fristete, wäre ebenfalls eine Welt, die Gott erschaffen könnte, ohne dass es möglich wäre ihn zu tadeln. Das *problem of existence* ist, genauer gefasst, nicht das Problem, dass überhaupt etwas existiert, sondern, dass etwas existiert, gegenüber dem Gott eine moralische Verpflichtung hat, wie sie durch (R) angegeben wird.

65 Vgl. zum Folgenden Schlesinger, 1977, 73. Vgl. aber bereits ders., 1965, 23f.

moralische Verpflichtung, dieses Kind auch in die Welt zu bringen. Unter normalen Umständen hätte La Para freilich Recht mit der Behauptung, dass es niemals eine Verpflichtung dazu geben kann ein Kind zu bekommen. Doch unter normalen Bedingungen kann ein Elternpaar auch niemals wissen, wie viel Glück und Unglück ein ungeborenes Kind in seinem Leben erwartet. Die von La Para imaginierte Situation ist durch die Einführung des wahrsagenden Astrologen derart künstlich geworden, dass es hier, Schlesingers Regel (R) vorausgesetzt, eine Verpflichtung gibt, am ersten März ein Kind zu bekommen. Dass Schlesingers Antwort auf La Para richtig ist, kann durch eine schlichte Veranschaulichung gezeigt werden. Ein Kind am ersten März zu bekommen würde einen Zustand herbeiführen, der auf der *happiness*-Linie links von 0 liegt, kein Kind zu bekommen einen Zustand, der genau im Punkt 0 liegt, und ein glückliches Kind zu bekommen einen Zustand, der rechts von 0 liegt. Kann das Elternpaar im Voraus diese Linie *sehen,* was ihm nur durch den Astrologen ermöglicht wird, dann muss es am zweiten März ein Kind empfangen, da die Regel (S) nichts anderes besagt, als jedes Individuum in einen Zustand zu versetzen, der möglichst weit rechts auf der *happiness*-Linie liegt.[66] Entsprechend wäre es nur dann ratsam für Gott, überhaupt keine Welt zu erschaffen, wenn er nicht wüsste, ob seine Geschöpfe glücklich oder unglücklich sein werden. Eine solche Annahme scheint jedoch dem Begriff der Allwissenheit Gottes entgegenzustehen.[67]

---

66 Vgl. DERS., 1977, 73.

67 Schlesinger nennt noch einen anderen s.E. völlig ausreichenden Einwand gegen La Paras Argumentation. Dass es für Gott ratsam ist, überhaupt eine Welt zu erschaffen, kann laut Schlesinger allein damit begründet werden, dass Gott neben einem möglichst hohen Grad an *happiness* für möglichst viele Geschöpfe noch andere Ziele verfolgt. So will Gott auch Wesen erschaffen, die einen freien Willen haben, Mitgefühl zeigen können, etc. (Vgl. SCHLESINGER,1965, 24.DERS., 1977, 71f.) Diese Argumentation ist insofern problematisch, als sie andere Theodizeeversuche, namentlich die VRS und die FWD voraussetzt. In der Antwort auf Winslow Sheas Kritik wird diese Tendenz Schlesingers zur unausgesprochenen Einbeziehung anderer Theodizeen offenkundig. (S.u. 49.) In ähnlicher Weise antwortet auch Khatchadourian auf La Para. Durch die

2.2.2 Die Kritik von Madden und Hare

Kein Einwand, der gegen die NBWS[1964] erhoben werden kann, liegt so nahe wie der, dass Gott doch zumindest eine bessere Welt als die bestehende habe erschaffen können, wenn er auch, wie Schlesinger gezeigt hat, niemals die beste aller möglichen Welten realisieren kann.

> The core of the problem of evil is not why God did not create a perfect world but why he did not create a better one.[68]

Schlesingers Antwort ist hier schlicht: Es kann nur einen Grund zur Klage über die bestehende Welt geben, wenn klar ist, wie die Welt beschaffen sein soll, in der diese Klage nicht mehr erhoben werden kann. Nach der NBWS ist es aber gleichgültig, wie Gott die Welt beschaffen sein lässt. Jeder Zustand der Welt ist gleichermaßen unvollkommen und wenn es gerade Gottes Pflicht ist, das Vollkommene zu realisieren, bleibt er in jeder möglichen Welt hinter seiner Verpflichtung zurück.[69] Gegen La Para hat Schlesinger den Einwand geltend gemacht, dass die Grenze zwischen positivem und negativem Übel nicht klar fixierbar sei.[70] Entsprechend wendet er auch gegen Madden und Hare ein, dass alles, was wir als Übel erfahren, nur einen relativen Wert habe. Gleichgültig, um wie viel Gott die bestehende Welt verbessert, „there is as much for lamenting as there is under the prevailing circumstances".[71] Wenn Gott anstelle der bestehenden Welt eine andere erschafft, wird es auch in dieser Welt Grund zur Klage geben, wenn auch der Grund der Klage jeweils ein anderer ist. So lange eine Welt nicht die vollkommene ist, gibt

Nicht-Erschaffung einer Welt würden zwar alle intrinsischen Übel verhindert, ebenso aber auch alle intrinsischen Güter. (Vgl. Khatchadourian, 1966, 119.)

68 Madden u. Hare, 1968, 39.

69 Vgl. Schlesinger, 1977, 64.

70 S.o. 33.

71 Ders., 1988a, 61.

es immer Übel.[72] Hier wird noch einmal die eigentümliche Gestalt von Schlesingers Argument deutlich: Gerade weil das *problem of evil* in jeder Welt, die Gott realisieren kann, auftritt, verschwindet das Problem. Gerade weil Gott keine Welt herbeiführen kann, die ohne Übel ist, kann die Existenz des Übels nicht gegen die theistische Hypothese angeführt werden. Gegen Madden und Hare ist dieses Argument – genauso wie gegen La Para – stichhaltig, da keiner der Autoren einen überzeugenden Grund für eine scharfe Trennung zwischen positivem und negativem Übel angeben kann, welche gerade notwendig wäre, um die NBWS zu widerlegen.

Gegen Madden und Hare formuliert Schlesinger noch ein zweites Argument. Er imaginiert hierfür folgendes, freilich recht künstliches Szenario,[73] das stark an Hume erinnert:[74] Ein beliebiger Mensch existiert vor der Schöpfung bei Gott. Dieser Mensch soll Gott sagen, wie dieser die Welt, die er sich anschickt zu erschaffen, einrichten sein soll. Mit Madden und Hare könnte dieser Mensch Gott folgende Regel vorlegen:

(T) Erschaffe eine bessere Welt, d.i. verwirkliche einen höheren Grad an *happiness* als den bestehenden.

---

72 Der gleiche Einwand ist gegen Walls *Infinite Progression Principle* (IPP) zu erheben. (Vgl. zum Folgenden Wall, 1979, 14.) Nach Wall muss Gott eine Welt zu erschaffen, in der für eine stetige Verbesserung des Zustands, in dem sich die Geschöpfe befinden, gesorgt ist. Doch selbst wenn (IPP) gilt, kann Gott niemals seiner Verpflichtung, wie sie die Regel (R) beschreibt, nachkommen. Auch eine kontinuierliche Verbesserung des Zustands der Geschöpfe würde nie dazu führen, dass eine Welt zu der besten aller möglichen Welten würde. Eine Welt W_1 kontinuierlich zu verbessern würde sie nach einer bestimmten Zeit zu einer Welt W_2 machen, in der es ein Übel von ganz anderer Qualität gäbe, aber eben immer noch Übel. Ferner hätte es ja auch in Gottes Macht gelegen, sogleich W_2 zu realisieren. Gleichgültig, welche Welt Gott erschafft, durch kontinuierliche Verbesserung würde er sie nur zu einer anderen Welt machen, bei der 1. fraglich bleibt, warum Gott sie nicht gleich realisiert hat, und die 2. gleich weit von der besten möglichen Welt entfernt ist wie die erste, d.i. unendlich weit.

73 Vgl. zum Folgenden Schlesinger, 1988a, 60f.

74 S.o. 11.

Die Regel (T) ist, auf Gott angewandt, ebenso so sinnlos wie die Regel (R). Ein Komparativum wie „besser" erfordert irgendein Bezugsobjekt, welches *ante creationem mundi* nicht gegeben ist. Einen höheren Grad an *happiness* zu realisieren kann nur gefordert werden, wenn ein bestimmter Grad an *happiness* bereits gegeben ist. Die Regel (T) kann nur gelten, wenn bereits eine Welt erschaffen ist. Wenn aber von Gottes Verpflichtungen die Rede sein soll, muss eine Regel angegeben werden, die für ein ewiges Wesen gelten kann.

Schlesinger übersieht hier, was er gegen die Kritik von La Para gerade geltend gemacht hat. Auch eine leere Welt enthält einen gewissen Grad an *happiness*. Fasst man den Zustand der Welt vor der Schöpfung gerade als eine solche leere Welt auf, gibt es für die Regel (T) durchaus ein Bezugsobjekt. Was sie besagt, ist dann: Erschaffe eine Welt, die besser ist als eine leere Welt. Eine Welt, die besser ist als eine leere Welt, ist nach der *happiness*-Linie aber eine Welt, in der ein gewisses Maß an Glück existiert, aber kein Übel. Die Regel (T) bedeutet, auf einen Zustand *ante creationem mundi* bezogen, nichts anderes, als dass Gott verpflichtet ist, eine Welt ohne Übel mit einem gewissen Grad an Glück zu verwirklichen. Dieser Fehler in Schlesingers Argumentation ist freilich formaler Art. Maddens und Hares Intention ist es keineswegs Gott dazu zu verpflichten, eine bessere Welt als eine leere Welt zu erschaffen. Sie wollen ihn dazu verpflichten eine Welt zu erschaffen, die besser ist als unsere Welt, und insofern ist Schlesingers Einwand berechtigt, wenn auch sein zweites Argument formal fehlerhaft ist.

2.3 Die Diskussion im *Journal of Value Inquiry*

2.3.1 Die Kritik von Rosenberg

Rosenbergs Argument gehört m.E. zu den elaboriertesten Versuchen, die NBWS zu widerlegen. Rosenberg selbst gesteht, dass

Schlesingers Argument „*almost* completely correct" sei.[75] So habe Schlesinger überzeugend gezeigt, dass der Begriff „beste mögliche Welt" inkohärent und mithin eine Anwendung der Regel (R) auf Gott unmöglich sei. [76] Rosenberg unterscheidet aber nun zwei unterschiedliche Arten von moralisch falschen Handlungen, die jeweils in der Form eines einfachen Schlusses angegeben werden können. (Vgl. Abbildung 1.)

(1)

A soll X tun.
A tut X nicht.
Ergo: A handelt falsch.

(2)

A soll X nicht tun.
A tut X.
Ergo: A handelt falsch.

Abbildung 1

Bei falschen Handlungen des Typs (1) handelt es sich nach Rosenberg um *sins of omission,* bei falschen Handlungen des Typs (2) um *sins of commission.* Einmal unterlässt die Person A eine Handlung, die sie tun sollte, einmal begeht sie eine Handlung, die sie nicht tun sollte. Der entscheidende Unterschied liegt in der jeweils ersten Prämisse der beiden Argumente. Die erste Prämisse von (1) formuliert ein Gebot *(prescription),* die erste Prämisse von (2) formuliert ein Verbot (*prohibition*). Akzeptiert man diese Unterscheidung, so formuliert die Regel (R) klarerweise ein Gebot. Schlesinger hat, so Rosenberg, gezeigt, dass dieses Gebot für Gott nicht gelten kann, da es, sobald es auf Gott bezogen wird, bedeutungslos wird. Maximale *happiness* herbeizuführen bedeutet für Gott die beste mögliche Welt

75 Vgl. Rosenberg, 1970, 214.
76 Vgl. ebd.

zu realisieren, welche ein inkohärenter Begriff ist und daher nicht verwirklicht werden kann. Anders gewendet: Um die Regel (R) auf Gott anwenden zu können, müsste angegeben werden, welche Welt Gott realisieren soll. Schlesinger hat gezeigt, dass eben dies nicht möglich ist.

Es scheint aber intuitiv einleuchtend, dass zumindest eine Welt angegeben werden kann, die Gott *nicht* realisieren soll, d.i. der Begriff einer Welt, wie sie nicht sein soll, führt nicht notwendig in eine begriffliche Inkohärenz. Kann eine solche Welt aber angegeben werden, ist es möglich ein Verbot zu formulieren, gegen das zu verstoßen für Gott eine *sin of commission* darstellen würde. Schlesinger hat zwar gezeigt, dass Gott keiner Unterlassung angeklagt werden kann; damit ist jedoch nicht zugleich gezeigt, dass Gott keine Handlungen begeht, die verboten sind im Sinne von (2). Rosenberg hält fest, dass Verbote und Gebote unabhängig voneinander formuliert werden können.

> Prohibition and prescription are not two sides of a single coin, but rather distinct ethical practices which may perfectly well, in individual instances, be carried on wholly independently of one another. [...] We are often in the position to formulate an assessment according to Schema (2) without being in the position to argue in addition, according to Schema (1).[77]

Will man das Argument des Typs (1) auf Gott anwenden, tritt, wie Schlesinger gezeigt hat, in der ersten Prämisse eine begriffliche Inkohärenz auf. Wendet man das Argument des Typs (2) auf Gott an, tritt eine solche Inkohärenz nicht auf: Gott soll eine Welt vom Typ X nicht erschaffen. Gott erschafft eine Welt vom Typ X. Ergo: Gott handelt falsch. Während der Begriff „beste mögliche Welt“ keinen Referenten hat, kann eine Welt vom Typ X ohne Probleme angegeben werden. Rosenberg nennt als Beispiel für eine solche Welt eine Welt, in der es eine Differenz gibt zwischen dem möglichen Grad

77 Vgl. Rosenberg, 1970, 216.

der *happiness* und dem aktualen. An dieser letzten Wendung hat Schlesinger Kritik geübt und gezeigt, dass Rosenbergs Beschreibung einer Welt, wie sie nicht sein soll, entsprechend der NBWS^{1977}nicht mehr möglich ist.[78] Damit ist aber bei weitem noch nicht das ganze Problem beseitigt. Mag auch Rosenbergs Beschreibung einer Welt, wie sie nicht sein soll, in Hinblick auf die NBWS^{1977}nicht mehr zutreffen, so ist damit doch nichts gegen das Argument gesagt, dass eine solche Beschreibung überhaupt möglich ist. Um dies Argument zu entkräften, muss Schlesinger zeigen, dass die Unterscheidung von Regeln, die ein Gebot formulieren, und Regeln, die ein Verbot formulieren, zumindest in Bezug auf die Verpflichtungen Gottes falsch ist. Er fragt daher:

> Does it make sense to distinguish between passive acquiescence and active causation with respect to an omnipotent being whose mere will is responsible for everything that exists or fails to exist?[79]

Die Unterlassung einer gebotenen Handlung wird hier mit „passive acquiescence", die Übertretung eines Verbots mit „active causation" gleichgesetzt. Diese Gleichsetzung ist fragwürdig und das Argument selbst schwach. Hier wird wieder ein Unterschied in der Beurteilung göttlicher und menschlicher Handlungen vorgenommen, wie ihn Schlesinger selbst, in seiner Kritik der Äquivokationstheorie, gerade vermeiden wollte.[80] Doch hätte Schlesinger hier besser antworten können, wenn er gegen Rosenberg das gleiche Argument wie gegen La Para vorgebracht hätte. Ein Gebot kann als Forderung verstanden werden, keine *positive evils* zuzulassen, ein Verbot als Forderung, keine *negative evils* zuzulassen. Bei einer unendlichen Verpflichtung kann ebenso wenig zwischen Gebot und Verbot unterschieden werden wie zwischen den beiden Arten von Übel, da die *happiness*-Linie unendlich ist und der „Mittelpunkt" 0 daher überall liegen kann.Wenn die *happiness*-Linie in beide Richtungen

78 Vgl. SCHLESINGER, 1977, 67f. Für die NBWS^{1977} s.u. 51ff.
79 SCHLESINGER, 1970, 230.
80 S.o. 21.

unendlich ist, kann auch keine Welt angegeben werden, die Gott nicht realisieren sollte. Diese Welt müsste links von der „Mitte“ 0 liegen. Da eine unendliche Linie aber keine fixierbare Mitte hat, kann auch nicht klar angegeben werden, was links von dieser Mitte liegt. Rosenbergs Kritik scheitert daher zuletzt wie auch La Paras daran, dass es bei einer unendlichen Verpflichtung unmöglich ist, einzelne Teilpflichten zu isolieren.

2.3.2 Die Kritik von Shea

Eines der nach der Meinung Schlesingers selbst besten Argumente gegen die NBWS stammt von Winslow Shea.[81] Gemeint ist hier das sog. *monster*-Argument, das Shea erst am Ende seines Aufsatzes präsentiert.[82] Nimmt man an, dass die NBWS widerlegt sei, wenn aus ihr eine stark kontraintuitive Konsequenz abgeleitet werden kann, so ist Sheas Argument *prima facie* überzeugend. Shea erinnert an die *happiness*-Linie, die Schlesinger benutzt hat, um La Para zu widerlegen. Und er stimmt Schlesinger – obwohl er Kritik an der geometrischen Veranschaulichung übt[83] – darin zu, dass der Punkt

81 Vgl. SCHLESINGER, 1988a, 62. Schlesinger unterscheidet hier zwischen „misunderstandings“ (vgl. aaO., 58ff) und „real problems“ (vgl. aaO., 62f). Sheas Argument rechnet er zu den wirklichen Problemen der NBWS.

82 Vgl. für das Folgende SHEA, 1970, 227f.

83 Shea unterscheidet zwischen zwei Arten von Unendlichkeit, einer *macroscopic illusion of infinity* und eine *microscopic illusion of infinity*. (Vgl. SHEA, 1970, 222f. Für das Folgende vgl. ebd.) Diese Unterscheidung, die in anderer Form schon bei Pascal begegnet (vgl. PASCAL, Pensées, Brunschvicg Nr. 72 [= Seite 146ff]), lässt es zu, auch auf einer endlichen Linie mit zwei Endpunkten unendlich viele Punkte lokalisiert sein zu lassen. Eine solche Linie ist nach Shea aber Schlesingers *happiness*-Linie. Schlesinger spricht von einem infinit entfernten rechten Ende der Linie. Wenn man dies nicht nur für eine unglückliche Formulierung halten will, so würde sich hier die Lesart nahelegen, die Unendlichkeit der *happiness*-Linie als eine *microscopic illusion of infinity* aufzufassen. Zwar gibt es zwei Endpunkte, d.i. einen höchsten und einen geringsten Grad von *happiness*, und mithin keine *macroscopic illusion of infinity*, jedoch liegen zwischen zwei beliebigen Punkten unendlich viele weitere Punkte, d.i. Grade der *happiness*. Freilich ist diese Lesart nicht im Sinne Schlesingers. Vielmehr

0 eine leere Welt im Sinne La Paras markiert und eine solche Welt, in der es weder Glück noch Unglück gibt, in der Tat schlechter ist als alle Welten rechts von 0. Nun gilt das Gleiche aber auch, so Shea, von jeder Welt, die links von 0 liegt, d.i. einer Welt, in der es nur Unglück gibt. Wenn Gott seiner Verpflichtung nachkommt, so lange er irgendeine Welt auf der *happiness*-Linie verwirklicht, so kann er auch nicht angeklagt werden, wenn er eine außerordentlich unglückliche Welt voller Übel wählt. Stellt man sich nun vor, die Welt werde nicht von Gott, sondern von einem allmächtigen, allwissenden, allböswollenden (*omnimalevolenten*) Monster beherrscht, das eine außerordentlich unglückliche Welt erschaffen will, so ist dieses Monster in keiner Weise mehr zu tadeln als Gott.

> Suppose, for example, that an omnipotent being were some monster who had created a world full of terrible suffering without a shred of happiness. One could not blame such a monster on Schlesingers view; but surely would not praise him, either.[84]

Ein allmächtiges Monster erschafft eine Welt links von 0, Gott eine Welt rechts von 0, beide erschaffen eine Welt, zu der eine bessere gedacht werden kann. Preisen wir Gott dafür, dass er eine Welt erschaffen hat, die zumindest besser ist als viele andere mögliche Welten – dafür, dass er die beste erschaffen hat, kann ihn niemand preisen, da es keine beste mögliche Welt gibt –, so müssen wir auch das Monster preisen. Schlesinger behauptet, dass die *happiness*-Linie in beide Richtungen unendlich sei. Zu der aktualen Welt gibt es

---

scheint Schlesinger, so Shea, seine *happiness*-Linie als Veranschaulichung einer abstrakten geometrischen Linie ohne Endpunkte zu verstehen, welche wiederum eine Veranschaulichung des Sachverhalts selbst ist. (S.o. 19.) Was die *happiness*-Linie, so wie Schlesinger sie zeichnet, aber zeigt, ist, dass aus einem infiniten Begriff von *happiness* keineswegs folgt, dass es keinen größten Grad an *happiness* geben kann. Dass *happiness* infinit viele Grade hat, kann auch schlicht heißen, dass es zwischen zwei Graden unendlich viele Zwischengrade gibt, womit der Begriff eines höchsten Grades keineswegs als inkohärent erwiesen ist. Vgl. hierzu auch Basinger, 1982, 145.

84 Shea, 1970, 227.

immer unendlich viele Welten, die besser sind, aber auch unendlich viele, die schlechter sind. Das Monster verdient nun gepriesen zu werden, gleichgültig, wie weit links auf der Linie die Welt liegt, die es erschaffen hat, denn auch zu einer solchen Welt voll Unglück kann immer noch eine schlechtere gedacht werden. Die Frage ist nun, warum Gott „gut" genannt wird, das Monster aber nicht, während doch beide das Gleiche tun, d.i. eine Welt erschaffen, die sowohl besser als auch schlechter ist als unendlich viele andere mögliche Welten. Lässt man das Bild vom omnimalevolenten Monster fort, kann das Problem noch schärfer gefasst werden: Es ist für Schlesingers Argument völlig gleichgültig, welche Welt Gott erschafft. Egal, welche Welt er realisiert, er kann in keinem Fall getadelt werden.[85] Für eine ethische Beurteilung der Handlungen Gottes kann aber gerade nicht gleichgültig sein, welche Welt er erschafft, da die Bewertung von Handlungen als „gut" und „böse" gerade voraussetzt, dass es einen signifikanten Unterschied zwischen diesen Handlungen gibt. Die NBWS scheint so die Unterscheidung zwischen guten und bösen Handlungen, d.i. z.B. den Handlungen eines omnibenevolenten und eines omnimalevolenten Wesens, völlig aufzuheben. Schlesinger selbst hat gesehen, dass sich hier eine fatale Konsequenz andeutet. Wenn Shea Recht hat, dann würden durch die NBWS die Begriffe „gut" und „böse", „omnibenevolent" und „omnimalevolent" in Bezug auf Gott völlig austauschbar und mithin „void of meaning"[86] sein. Mehr noch, die NBWS würde zeigen, dass der Glaube an ein allmächtiges allgütiges Wesen nicht nur kontingent, sondern notwendig falsch ist.

> My defence of the theistic position would have then made matters worse than they were before: the atheist only claimed that the belief in an omnipotent, omnibenevo-

85 Bereits bei La Para findet sich eine Parallele zu diesem Argument. „On this [d.i. Schlesingers] view, it would appear that the most (rather than the very least) the deity is morally bound to do is provide that paradise is comparatively better, however slightly, than hell" (La Para, 1965, 12, Anm. 4).

86 Schlesinger, 1970, 230.

> lent being was contingently false since the existence of evil is a fact. Now, however, on analysis, it turns out that it is necessarily true![87]

Nach der NBWS kann Gott omnibenevolent genannt werden, gleichgültig, wie die Welt aussieht, d.i. Gott kann in allen möglichen Welten als omnibenevolent gelten. Wenn „omnibenevolent" aber austauschbar ist mit „omnimalevolent", dann ist Gott auch in allen möglichen Welten omnimalevolent. Was aber in allen möglichen Welten gilt, ist notwendig wahr.[88] Gott ist daher notwendig omnimalevolent und der Glaube des Theisten an einen gütigen Gott scheint widerlegt.

Schlesinger muss zeigen, dass „omnimalevolent" und „omnibenevolent" keineswegs austauschbar sein müssen im Rahmen der NBWS. Er behauptet nun, dass die ethische Regel (R), die besagt jedermanns *happiness* so weit zu steigern wie möglich, nicht die einzige Regel darstellt, deren Befolgung die Güte eines Akteurs konstituiert.[89] Es gibt andere Regeln und viele davon können gleichzeitig mit Omnipotenz behauptet werden. So gibt es etwa auch die Regel (im Folgenden Regel (U)), die vorschreibt, so gerecht wie möglich zu handeln.

(U) Realisiere eine Welt, die den höchsten Grad an Gerechtigkeit aufweist.

Regel (U) erlaubt anders als die Regel (R) eine Maximierung. Dabei setzt Schlesinger voraus, dass *happiness* ein infiniter, Gerechtigkeit

87 Ebd.

88 Vgl. Beall u. van Fraassen, 2003, 53. Freilich ist dieser Begriff von Notwendigkeit anfechtbar.

89 Vgl. Schlesinger, 1970, 230. Ders., 1977, 75f. Morris verteidigt Schlesinger in dieser Hinsicht. In Bezug auf die *happiness* ist es, so Morris, in der Tat gleichgültig, welche Welt Gott erschafft. Doch gibt es andere Faktoren, die die Wahl der Welten, welche Gott erschaffen darf, entschieden einschränken. Eine Welt, in der es etwa „mendacious divine revelations" gibt, ist eine Welt, die ein omnibenevolenter Gott nicht erschaffen darf, gleichgültig wie hoch der Grad an *happiness* in dieser Welt auch sei. (Vgl. Morris, 1984, 179.)

ein finiter Begriff sei. Es gibt einen höchsten Grad an Gerechtigkeit, aber keinen höchsten Grad an *happiness*. Schlesinger präzisiert hier seine ursprüngliche Behauptung, dass es keine beste mögliche Welt geben könne.

> In some respects, "the best of all possible worlds" is incoherent, and in others, it is not, for some things do not admit maximization while others do.[90]

Es kann eine beste mögliche Welt geben im Sinne einer vollkommen gerechten Welt, da Gerechtigkeit maximierbar ist. Es kann keine beste mögliche Welt geben im Sinne einer Welt, in der jedes Wesen vollkommen glücklich ist, da *happiness* nicht maximierbar ist.

Es ist nur folgerichtig, wenn Schlesinger daher zugesteht, dass ein einziger Fall von evidenter Ungerechtigkeit ein kaum zu lösendes Problem für den Theismus darstellt.[91] Schlesinger müsste hier jedoch präziser sein. Wenn gezeigt werden kann, dass Gott die Regel (U) nicht maximal erfüllt, dann kann er nicht mehr „gut" genannt werden und die NBWS bricht zusammen, vorausgesetzt freilich, dass (R) und (U) die einzigen in Frage kommenden Regeln sind. Sucht man nun nach einem Fall von evidenter Ungerechtigkeit, drängt sich das sog. Hiob-Problem auf. Hiob ist der Repräsentant des leidenen Gerechten schlechthin. Worum es ihm geht, ist nicht das *problem of evil*, sondern die Frage, warum ein gerechter Gott ihn, den Gottesfürchtigen, um so viel mehr leiden lässt als die Frevler. Hiob, der seine Töchter und Söhne, dazu seinen ganzen Besitz verliert, stellt nicht die Frage, warum überhaupt Übel in der Welt ist, sondern warum es ihn, obwohl er untadelig gelebt hat, trifft.[92] Kurz: Das Schicksal des frommen Mannes aus dem Lande Uz ist ein guter Kandidat für einen Fall von evidenter Ungerechtigkeit. Schlesinger meint aber nun, dass es einen solchen Fall prinzipiell nicht geben

90 Schlesinger, 1970, 230. Vgl. ders., 1997, 64 (gegen Elliot).

91 „A single clearly demonstrated case of injustice should, therefore, present a real difficulty for theism, als already recognized in early antiquity" (ders., 1970, 230).

92 Vgl. Hiob 31,1–8.

kann.[93] Die Erwartung eines Lebens nach dem Tode etwa lasse die Option eines jenseitigen Ausgleichs offen.[94] Ferner können wir auch niemals wissen, in welchen Fällen Gott Frevel durch Leiden vergilt. Niemand weiß, ob Hiob nicht doch auf die eine oder andere Weise gesündigt hat. Diesen beiden Antworten ist gemeinsam, dass sie implizit andere Theodizee-Versuche voraussetzen. Im zweiten Fall ist es das Vergeltungsschema, die schlichteste Version der Theodizee, im ersten wird als weitere Hypothese ein Fortleben nach dem Tode eingeführt. Scheint es also, wie das Schicksal Hiobs zeigt, nicht zu gelingen, die göttliche Güte in der Befolgung der Regel (U) zu sehen, dann muss Schlesinger nach anderen Regeln als (R) und (U) suchen, aufgrund deren Befolgung Gott „gut" genannt werden kann. Ein weiterer Kandidat ist die Regel, möglichst vielen Geschöpfen möglichst große Freiheit zu gewähren. Die Freiheit der Geschöpfe ist ein intrinsischer Wert und kann als Manifestation der göttlichen Güte angesehen werden unabhängig vom Grad der *happiness*.[95] Mit dieser Behauptung ist Schlesinger aber wieder bei einer völlig anderen Theodizee, hier der FWD, angelangt.

Soll gezeigt werden, dass Gott „gut" genannt werden kann, obwohl er in Beziehung auf die *happiness* sich von einem Ungeheuer keineswegs unterscheidet, dann muss Schlesinger notwendig auf andere Theodizeen ausweichen. Schlesinger hat auf Shea geantwortet, indem er diese Welt „in some respects" die beste aller möglichen Welten sein lässt, in anderen nicht. Damit gesteht Schlesinger implizit ein, dass von Gottes Güte nur geredet werden kann, wenn die bestehende Welt tatsächlich, wenn auch nicht in jeder Hinsicht, die beste aller möglichen Welten ist. Um dies zu zeigen, muss Schlesinger aber wieder auf eine Theodizee in Leibniz' Sinne zurückgreifen. Shea hat nicht mehr und nicht weniger gezeigt, als dass die NBWS nicht allein als Theodizee zu bestehen vermag. Insofern sie die Möglichkeit, Gottes Handlungen als „gut" zu benennen, eliminiert, muss sie notwendig andere Theodizeen zu Hilfe nehmen.

93 Vgl. SCHLESINGER, 1977, 76.
94 Vgl. für ein ähnliches *afterlife*-Argument LA PARA, 1965, 13.
95 Vgl. SCHLESINGER, 1977, 76,

3 Schlesingers *No Best World Solution* von 1977

3.1 Schlesingers modifiziertes Argument

Vergleicht man die NBWS^{1977} mit der NBWS^{1964}, so scheint Schlesinger insgesamt vor allem Präzisierungen vorgenommen zu haben. Einen Punkt gibt es aber doch, an dem die späteren Fassungen der NBWS deutlich von der ursprünglichen abweichen, und dieser Punkt ist eben jene Verpflichtung, die den ethischen Maßstab sowohl für menschliche als auch für göttliche Handlungen angibt. Für die NBWS^{1964} galt als unbedingt zu befolgende Regel:

(R) *Ceteris paribus* steigere das Glück von A so weit wie möglich.

In der NBWS^{1977} führt Schlesinger einen neuen Begriff ein: *degree of desirability of a state* (im Folgenden: DDS). Die menschliche und zugleich göttliche Verpflichtung besteht nun nicht mehr darin, einen Zustand größt möglicher *happiness* herbeizuführen, sondern einen besonders wünschenswerten Zustand. Entsprechend gilt nun als Regel:

(R′) *Ceteris paribus* steigere den DDS von A so weit wie möglich.[1]

Wenn das *problem of evil* dadurch entsteht, dass es einen Zustand gibt, den Gott nicht tolerieren kann (vgl. die Behauptung (A2′)), dann war es nur die halbe Wahrheit, diesen Zustand nicht nur im Vorkommnis von Übel, sondern auch im Mangel an Glück gegeben

1 Die retrospektive Gegenüberstellung der beiden ethischen Regeln von 1964 und 1977 findet sich erst SCHLESINGER, 1982, 28.

zu sehen. Ebenso entscheidend ist nach Schlesinger, welches Potential ein Individuum aufweist, d.i. zum Genuss welcher Güter es überhaupt fähig ist. Gott ist nicht nur dazu verpflichtet, möglichst viele Menschen in einen möglichst glücklichen Zustand zu versetzen, sondern auch dazu, sie in einen möglichst wünschenswerten Zustand (*desirable state)* zu versetzen. Wünschenswert ist aber nicht nur ein Zustand, in dem eine Person X besonders glücklich, sondern auch ein Zustand, in dem sie fähig ist besonders qualifizierte Güter zu genießen. Wie wünschenswert ein Zustand ist, kann nach Schlesinger durch den DDS angegeben werden.

Der DDS ist, wie Schlesinger 1977 formuliert, eine *two-valued function.*[2] Er hängt sowohl von der *happiness* als auch von dem Potential einer bestimmten Person ab, d.i. ihrer Fähigkeit, bestimmte qualifizierte Erfahrungen von Glück und Leid zu machen.[3] Schlesinger erläutert dies mit Mills berühmtem Satz „Lieber ein unzufriedener Sokrates als ein zufriedenes Schwein".[4] Wenn ein Mensch vor die Wahl gestellt wird, entweder der unglückliche Maieutiker oder ein zufriedenes Schwein zu sein, sollte er, wenn er vollkommen rational wäre, wohl die Existenz des Philosophen wählen, d.i. er würde seine Wahl nicht allein von dem Glück, das eine bestimmte Existenz in Aussicht stellt, abhängig machen, sondern auch von anderen Faktoren. Um dies näher zu erläutern, gibt Schlesinger zwei Beispiele an:

2 Vgl. DERS., 1977, 60.

3 Klarer als Schlesinger selbst hat diesen Zusammenhang Morris formuliert: „The DDS of a being is a function of two variables: (1) the sort of being he is, and (2) the degree to which, and the manner in which, these capacities are excercized and fullfilled, yielding pleasure or pain, happiness or suffering" (MORRIS, 1982, 176).

4 Schlesinger gibt Mills Satz verkürzt wieder, verwendet ihn aber, wie das Folgende zeigt, sachlich richtig. „It is better to be a human being dissatisfied than a pig satisfied; better to be Socrates dissatisfied than a fool satisfied. And if the fool, or the pig, is of a different opinion, it is because they only know their own side of the question. The other party to the comparison knows both sides" (Mill, Utilit., 14).

Beispiel a: Wenn ich einen Menschen an eine Maschine anschließe, die für alle seine physischen Bedürfnisse sorgt und ihn zugleich in einen fortdauernden Zustand der *happiness* versetzt, müsste ich, wenn die Regel (R) gilt, meiner Pflicht vollkommen Genüge getan haben. Dies ist aber stark kontraintuitiv. Das Beispiel zeigt vielmehr, dass meine Verpflichtungen „more complex" sind als durch (R) ausgesagt wird.[5] Die Person, die ich an eine Maschine anschließe, ist zwar glücklich, aber in keinem besonders wünschenswerten Zustand, da sie u.a. eines so hohen Gutes wie der Freiheit entbehrt. Sie ist zu einer „vegetable-like existence"[6] reduziert und ist von einem zufriedenen Schwein kaum mehr zu unterscheiden.

Beispiel b: Ein Kind ist in meiner Obhut, das über geringe geistige Kapazitäten verfügt und am glücklichsten ist, wenn es den ganzen Tag auf dem Rücken liegen darf. Eine kleine Operation würde die geistigen Kapazitäten des besagten Kindes enorm steigern, so dass es zum Genuss von Musik und anderen geistigen Gütern fähig würde. Die Regel (R) fordert das Kind in seinem Zustand zu belassen, die Regel (R') die Operation vornehmen zu lassen. Schlesinger beruft sich abermals auf die Intuition. Die Operation, auch wenn sie ein gewisse Erfahrung von Leid bedeutet, ist in jedem Fall die bessere Wahl.

Der Fehler der NBWS^{1964} war es, nur einen Faktor der *two-valued function* zu berücksichtigen. Erst mit der NBWS^{1977} legt Schlesinger eine Theodizee vor, die in bestimmter Weise wieder an Leibniz' *principium melioris* orientiert ist. Der zureichende Grund dafür, ein Kind zum Musikunterricht zu zwingen statt es seinen eigenen Launen zu überlassen, liegt darin, es zu einer Person zu machen, die sich in einem besonders wünschenswerten Zustand befindet.[7] Es ist eine *conditio sine qua non* dafür ein guter Musiker zu werden, in einem gewissen Grad auf Müßiggang zu verzichten. Was für menschliche Pädagogen gilt, gilt auch für den göttlichen. Will Gott

5 Vgl. SCHLESINGER, 1977, 60.
6 Ebd.
7 Für dieses Beispiel vgl. GROVER, 1993, 219.

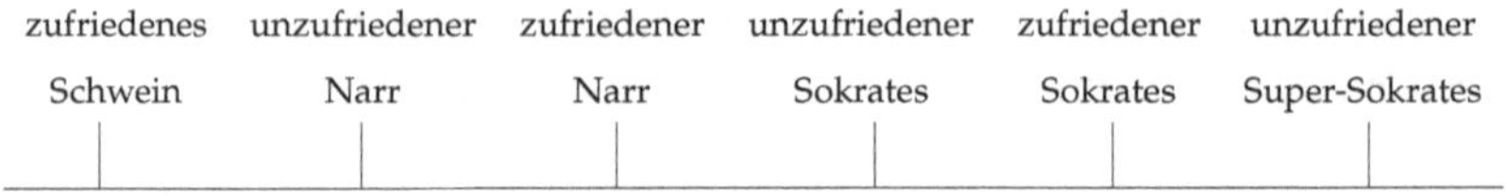

zufriedenes Schwein	unzufriedener Narr	zufriedener Narr	unzufriedener Sokrates	zufriedener Sokrates	unzufriedener Super-Sokrates

Abbildung 2

die beste aller möglichen Welten verwirklichen, d.i. alle Zustände zu möglichst wünschenswerten machen, dann muss er, da der DDS eine *two-valued function* ist, seinen Kreaturen ein gewisses Glück vorenthalten, um ihr Potential zu steigern.[8]

Dies würde als Lösung des *problem of evil* völlig ausreichen, wenn in der realen Welt alle Zustände möglichst wünschenswert wären. Dass dies nicht so ist, ist aber ebenso evident wie die Existenz des Übels. Schlesinger kann sich nun aber auf den gleichen *progressus ad infinitum* berufen, der schon für die NBWS^{1964} bezeichnend ist. Er greift wieder auf das Bild von Sokrates und dem Schwein zurück. Sokrates ist in einem höheren DDS als das Schwein. Gott hat einen zureichenden Grund, ihn nicht so glücklich zu machen wie das Schwein, der darin besteht, seinen DDS zu steigern. Muss nun aber, fragt Schlesinger, eine oberste Grenze für den DDS angenommen werden? Wenn es für jedes Schwein einen Sokrates gibt, kann es auch für jeden Sokrates ein Super-Sokrates geben, der einen höheren DDS besitzt, und wiederum für diesen einen Super-Super-Sokrates mit einem noch höheren DDS und so fort bis zu einem Super_1-...-Super_n-Sokrates. Schlesinger verdeutlicht dies 1988 mit einer DDS-Linie, wobei zu bedenken ist, dass die Linie abermals in *beide* Richtungen bis ins Unendliche geht.[9](Vgl. Abbildung 2.)

Geht die DDS-Linie aber nach rechts bis ins Unendliche, dann ist der Zustand eines höchsten DDS ein ebenso infiniter Begriff wie *happiness*. Diesen Zustand herbeizuführen, ist logisch unmöglich.

8 Schlesinger sieht die beiden Faktoren des DDS in einer Interdependenz, weiß aber auch darum, „that it is by no means always clear how much increase in one factor makes up for a given decrease in the other factor" (SCHLESINGER, 1977, 62).

9 Vgl. DERS., 1988a, 60.

Gott kann ebenso wenig den Zustand des höchsten DDS, d.i. eines DDS „higher than which is inconceivable",[10] herbeiführen, wie er die höchste Zahl benennen kann.[11]

Es ist abschließend wichtig, auf zwei mögliche Missverständnisse des Begriffs des DDS hinzuweisen. Dass ein Zustand „wünschenswert" ist, soll erstens nach Schlesinger nicht so verstanden werden, dass eine bestimmte Person sich tatsächlich wünscht, in einem bestimmten Zustand zu sein. Es geht, so Schlesinger, nicht um ein subjektives „wünschenswert", sondern um ein objektives.[12] Kaum jemand wird sich wirklich wünschen, lieber ein äußerst unzufriedener Sokrates statt ein zufriedener Durchschnittsmensch zu sein. Dennoch ist der Zustand des $Super_1$-...-$Super_n$-Sokrates objektiv more *desirable*, da es in seinem Zustand möglich ist, eine weit höherwertige, wenn auch zunächst weniger glückliche Erfahrung zu machen. Den Zustand des $Super_1$-...$Super_n$-Sokrates sollte sich jedermann wünschen und täte es auch, wenn jedermann vollkommen rational wäre.

Zweitens bezeichnet *desirability* im Sinne Schlesingers eine bestimmte Qualität der Erfahrung, welche eine Person während ihres Lebens macht. Ob diese Person in den Augen anderer möglichst „wünschenswert" ist, etwa einem bestimmten Ideal entspricht, ist dabei von keiner Bedeutung. Der Zustand eines Klavierspielers ist nicht deshalb wünschenswert, weil musikalische Bildung Teil einer ausgebildeten Persönlichkeit ist, sondern allein deshalb, weil der Klavierspieler beim Musizieren eine Form von *happiness* erfährt, die seinem gesteigerten geistigen Potential entspricht.[13]

---

10 Vgl. DERS., 1970, 62.

11 Bereits DERS., 1964, 246.

12 Vgl. DERS., 1977, 68.

13 Schlesinger wirft Nozick vor, er verwechsle gerade diese beiden letztgenannten Formen von *desirability*. (Vgl. NOZICK, 1986, 156f. SCHLESINGER, 1988b, 322.)

3.2 Die Diskussion in den achtziger Jahren

3.2.1 Die Kritik von Wall

Eine Vorstellung, die in unterschiedlicher Form in verschiedenen theistischen Religionen begegnet, ist die des Himmels, d.i. eines Ortes der Seligen. Den Himmel mit der besten möglichen Welt zu identifizieren ist *prima facie* sinnvoll, wenn die himmlische Existenz als die für die Geschöpfe angemessenste betrachtet wird. Das *problem of evil* kann auch als die Frage aufgefasst werden, warum Gott seine Geschöpfe nicht vom Beginn der Schöpfung an in einen himmlischen Zustand versetzt hat. Akzeptiert man diese Identifizierung, stützt sich die NBWS auf die Annahme, dass der Himmel logisch unmöglich ist. Wall wendet ein:

> The notion of heaven does not seem logically impossible or unintelligible. Neither do the values of heaven and earth seem to be incommensurate. The values seem to be commensurate with having the higher value state. The fundamental question still remaining is: Why did God not create a heavenly existence instead of the existence we now have?[14]

Der Himmel ist kein inkohärenter Begriff; seine Realisierung kann daher sinnvoll von Gott gefordert werden. Auch ist er kein inkommensurabler Begriff – diese Kritik könnte eher gegen E. Mann als gegen Schlesinger vorgebracht werden[15] – und berechtigt zur Klage über die bestehende Welt, insofern jetzt ein Zustand denkbar ist, in dem es keinen Anlass zur Klage gibt.

Nach Morris ist dies der ganze Gehalt der Kritik von Wall.[16] Für Wall sei die NBWS ein Versuch den Himmel zu leugnen, welcher als Vorstellung aber allen theistischen Religionen innewohne. So verstanden, beruft sich Wall lediglich auf die Tradition: Der Himmel

14 Wall, 1979, 19.
15 S.o. xi, Fn. 8.
16 Vgl. zum Folgenden Morris, 1984, 178f.

muss angenommen werden, also auch die beste mögliche Welt.[17] Morris wendet sich gegen die Identifizierung von Himmel und bester möglicher Welt. Zwar sei der Himmel eine gemeinsame Vorstellung der theistischen Religionen, doch sei niemals behauptet worden, der Himmel sei der Ort des maximalen DDS. Es sei gerade entscheidend für theistische Jenseitsvorstellungen, dass jedes Geschöpf als das „particular being he is" in die Seligkeit eingehe.[18] Eine maximale Steigerung des DDS würde aber in jedem Fall zu einer Änderung der Identität führen. Anschaulich gesprochen: Sokrates kann nur als Sokrates in den Himmel eingehen, in der besten möglichen Welt wäre er aber nicht mehr Sokrates, sondern Super_1-...-Super_n-Sokrates.[19]

Dieses Argument, dem Schlesinger vorbehaltlos zustimmt,[20] trifft Walls Kritik in keinster Weise. Die Identifizierung von Himmel und bester möglicher Welt spielt bei Wall nur eine untergeordnete Rolle. Entscheidend ist für ihn, dass, selbst wenn Schlesinger die

17 Ein ähnliches Traditionsargument wird u.a. von Shea vorgebracht. Gott selbst als vollkommenes Wesen muss laut Shea zumindest im Zustand eines höchsten DDS gedacht werden. Gibt es keinen höchsten DDS, kann auch nicht von Gottes Vollkommenheit gesprochen werden, mehr noch, Gott selbst verschwindet. (Vgl. Shea, 1970, 224f.) Nach Schlesinger impliziert Gottes Vollkommenheit hingegen keineswegs, dass Gott sich im Zustand eines höchsten DDS befindet. „There is not need to think that God ever suffers or enjoys himself. But our notion of DDS is essentially a function of the capacity for suffering and enjoyment shared by a given creature. I maintain, therefore, that God does not enjoy the state of the highest degree of desirability [...]" (Schlesinger, 1977, 63).

18 Vgl. Morris, 1984, 178f.

19 Morris hat hier wider seine Absicht auf ein Problem der NBWS aufmerksam gemacht. Die Steigerung des DDS geht ab einem gewissen Grad mit einer Änderung der Identität einher. Mills Prinzip „Besser ein unzufriedener Sokrates als ein zufriedenes Schwein" besagt nichts anderes als: „Besser eine Art von Geschöpfen als eine andere". Jede Klage, Gott möge *mich* zu einem Menschen mit einem höheren DDS machen, ist insofern schon inkonsistent, als nicht mehr *ich* es bin, sondern ein anderer, der jenen erwünschten DDS besitzt. Zu diesem Problem vgl. Grovers Kritik. (S.u. 75.) Für eine Problematisierung des *hier* vorausgesetzten Identitätsbegriffs s.u. 92ff.

20 Vgl. Schlesinger, 1988a, 58.

Inkohärenz des Begriffs „beste mögliche Welt" zeigen kann, andere Verpflichtungen für Gott weiterhin gelten.[21] Die besondere Stärke von Walls Argument besteht darin, dass er nicht, wie etwa Rosenberg, nur eine einzige solche Verpflichtung benennt; er gibt vielmehr ein formales Argument dafür, warum mit der NBWS die Frage nach Gottes Verpflichtungen nicht abgetan sein kann. Angenommen es gibt einen Satz B:

(B) Gott kann angeklagt werden, gleichgültig wie die Welt aussieht.

Nach Walls Rekonstruktion der NBWS ist der Satz B genau dann wahr, wenn die Regel (R′) auf Gott angewendet werden kann und der DDS unendlich ist. Nun können die letzten beiden Behauptungen zusammen nicht bestehen, weshalb $\neg B$ gilt. Der Satz, den Schlesinger beweisen will, ist:

(M_1) Gott kann nicht angeklagt werden, gleichgültig was er tut.

Dies ist aber gerade nicht das, was $\neg B$ aussagt, sondern:

(M_2) Es ist nicht der Fall, dass Gott angeklagt werden kann, gleichgültig, was er tut.[22]

M_1 und M_2 sind logisch verschieden. M_1, d.i. der Satz, den Schlesinger beweisen möchte, liefert eine wirkliche Rechtfertigung Gottes. Ist M_1 bewiesen, ist auch das *problem of evil* gelöst. M_2, d.i. der Satz, den Schlesinger nach Wall in Wirklichkeit beweist, besagt nur, dass Gott nicht in jeder möglichen Welt angeklagt werden kann. Nach M_2 ist es gerade nicht gleichgültig, was Gott tut, mithin stellt sich die Frage, wie eine mögliche Welt aussieht, in der Gott nicht angeklagt werden kann. Wall gibt nun andere Regeln als (R′) an, die Gott in einer solchen Welt befolgen müsste.[23] Diese Regeln sind im Einzelnen nicht von allzu großer Bedeutung. Wichtig ist vielmehr,

21 Vgl. zum Folgenden WALL, 1979, 13ff.

22 Vgl. aaO., 14. Die Sätze M_1 und M_2 wurden zur Straffung des Arguments hier etwas anders als bei Wall formuliert.

23 Vgl. aaO.,14f.

dass Schlesinger sich bereits durch Sheas Argument genötigt sah, selbst solche neuen Regeln einzuführen.[24] Walls Argument zeigt noch einmal, wie notwendig dieser Schritt ist, um die NBWS zu stützen.

3.2.2 Die Kritik von O'Connor

Nach Anselm von Canterbury ist Gott ein Wesen, über das hinaus nichts Größeres, d.i. Vollkommeneres, gedacht werden kann (*aliquid quo maius nihil cogitari potest*).[25] David O'Connor hat versucht zu zeigen, dass der Gott Schlesingers nicht der Gott Anselms sein kann. Um dies zu beweisen, nimmt O'Connor zunächst eine Disambiguierung der Regel (R') vor.[26] „So weit wie möglich" kann hier in einem zweifachen Sinn verstanden werden:

(a) So weit der Zustand, in dem eine Person A sich befindet, selbst eine Verbesserung erlaubt.

(b) So weit es einem moralischen Agenten B möglich ist, den Zustand von A zu verbessern.

O'Connor stellt sich nun, wie bereits Shea, die Frage, in welchem Sinn der Gott der NBWS überhaupt noch „gut" genannt werden kann. Die Regel (R') allein kann es, wie Shea gezeigt hat, nicht leisten.[27] O'Connor führt daher zwei zusätzliche Behauptungen ein.

(OC_1) Ein höchster Grad der Gerechtigkeit ist möglich.

(OC_2) Menschen sind unsterblich, d.i. ihr Leben währt unendlich.

Die Behauptung OC_1 hat Schlesinger selbst bereits in seiner Antwort auf Shea eingeführt. Was die Behauptung OC_2 betrifft, so kann sich O'Connor ebenfalls darauf berufen, dass Schlesinger sie gegenüber

24 S.o. 47.
25 Vgl. ANSELM, Proslogion, 101f.
26 Vgl. zum Folgenden O'CONNOR, 1986, 247. Vgl. auch DERS., 1998, 149f.
27 S.o. 47.

Shea zugestanden hat.[28] Es ist evident, dass in der bestehenden Welt ein höchster Grad an Gerechtigkeit nicht erreicht wird. Soll dennoch von einem Maximum der Gerechtigkeit die Rede sein, muss ein unendliches Fortleben nach dem Tod angenommen werden. O'Connor nimmt eine mögliche Welt (im Folgenden W_{OC}) an, die der bestehenden Welt in jeder Hinsicht gleich ist, allerdings mit der Ausnahme, dass OC_1 und OC_2 in W_{OC} mit Gewissheit wahr sind.[29] In dieser Welt kann Gott ohne Zweifel den höchsten Grad der Gerechtigkeit realisieren. In W_{OC} ist ein Maximum an Gerechtigkeit möglich und, eine unendliche Zeitspanne vorausgesetzt, wird Gott es auch irgendwann realisieren. Gott kann in W_{OC} also seiner Verpflichtung, eine vollkommen gerechte Welt zu realisieren, d.i. der oben genannten Regel (U) Folge zu leisten,[30] nachkommen. Das Gleiche gilt, so O'Connor, aber auch für einen moralischen Agenten in W_{OC}. Ein beliebiger W_{OC}-Mann namens Smith wird ebenso wie Gott irgendwann eine vollkommen gerechte Welt herbeiführen. O'Connor begründet dies damit, dass in einer unendlichen Zeitspanne jedes mögliche Ereignis einmal stattfindet:

> My claim that Smith is certain to bring about perfect justice in [W_{OC}] is based on the principle that in unlimited time all finite possibilities will be realized and, given [OC_1], perfect justice is such a possibility.[31]

Smith befolgt die Regel (U) ebenso wie Gott, d.i. er führt einen Zustand größter Gerechtigkeit herbei. Hier könnte eingewandt werden, dass Smith Macht anders als die Gottes nicht ausreichend ist, um eine vollkommen gerechte Welt herbeizuführen. Allein, der W_{OC}-Mann Smith hat unendlich viel Zeit, sich eine Macht zu verschaffen, die es ihm erlaubt, sein Ziel zu erreichen. Und, was auch immer Smith sich an logisch Möglichem vornimmt – in einer unendlichen

28 S.o. ebd.
29 Vgl. O'Connor, 1986, 248.
30 S.o. 47.
31 Vgl. O'Connor, 1986, 248.

Zeitspanne wird es ihm gelingen.[32]

Nun strebt Smith noch nach mehr, namentlich moralischer Vollkommenheit.[33] Er wird also auch versuchen, der Regel (R′) Folge zu leisten. Nach Schlesinger ist es für Gott unmöglich, das von (R′) Geforderte zu tun. Auf Gott angewandt würde (R′) die Realisation der besten möglichen Welt fordern, was, wie Schlesinger ausführlich gezeigt, logisch unmöglich ist. Es ist dabei wichtig, dass Gott (R′) nicht Folge leisten kann, gleichgültig wie das „so weit wie möglich" interpretiert wird. Wird „so weit wie möglich" im Sinne von Interpretation (a) gedeutet, besteht das Problem für Gott darin, dass der Zustand der Welt selbst unendlich verbessert werden kann. Legt man Interpretation (b) zugrunde, tritt das Problem auf, dass Gottes Macht unendlich ist. Anders gewendet: Gleichgültig, ob „so weit wie möglich" im Sinne von Interpretation (a) oder (b) gedeutet wird, es ist immer ein „concept of infinity"[34] involviert, das es Gott unmöglich macht, seiner Verpflichtung nachzukommen. Was ist nun aber mit Smith? Smith kann der Regel (R′) nicht Folge leisten, wenn „so weit wie möglich" im Sinne von Interpretation (a) verstanden wird (im Folgenden kurz (R'_a)). Einen Zustand so lange zu verbessern, bis er ein unendlich besserer Zustand ist, liegt ebenso wenig in Gottes wie in Smiths Macht. Die Unmöglichkeit liegt hier in der Sache selbst begründet. Einen infiniten Begriff kann kein Wesen, ob allmächtig oder nicht, realisieren. Interpretiert man nun aber „so weit wie möglich" in (R′) im Sinne von Interpretation (b) (kurz (R'_b)), scheint Smith das Geforderte tun zu können. Smith ist ein Wesen mit begrenzten Fähigkeiten. Er kann in unendlicher Zeit zwar eine Macht anhäufen, die es ihm erlaubt, eine vollkommen gerechte Welt zu realisieren, aber niemals eine unendliche Macht, wie sie Gott besitzt. Gott kann (R'_b) nicht Folge leisten. Da Gott alles möglich ist, kann er gerade nicht so viel zu tun, als ihm möglich

---

32 Schlesinger stellt diese Voraussetzung in Frage, betont aber zugleich, dass sie nicht wesentlich ist zur Stützung von O'Connors Argument. (Vgl. Schlesinger, 1988b, 320.)

33 Vgl. zum Folgenden O'Connor, 1986, 248f.

34 S.o. 13.

ist. Anschaulich gesprochen: Täte Gott so viel als ihm möglich ist, müsste er unendlich viel tun; unendlich viel zu tun, ist aber logisch unmöglich und kann selbst von Gott nicht getan werden. Was Smith betrifft, kann dieser durchaus so viel tun als er vermag, d.i. er kann (R'_b) Folge leisten. Fasst man noch einmal zusammen, was Gott und was Smith tun können, ergibt sich:

1. Sowohl Gott als auch Smith können eine Welt realisieren, in der vollkommene Gerechtigkeit herrscht, d.i. die Regel (U) befolgen.

2. Gott kann die in jeder Hinsicht beste aller möglichen Welten nicht realisieren noch so viel zu ihrer Realisierung beitragen, als er vermag, d.i. er kann weder (R'_a) noch (R'_b) Folge leisten.

3. Auch Smith kann die beste aller möglichen Welten nicht realisieren, aber er kann zu ihrer Realisierung so viel tun als er vermag, d.i. er kann (R'_a) nicht Folge leisten, wohl aber (R'_b).

Unterm Strich ergibt sich, dass Smith ein wenig mehr als Gott kann: Er kann so viel zur Realisierung der besten möglichen Welt beitragen als er vermag, d.i. (R'_b) Folge leisten. Wenn Smith aber mehr vermag als Gott, dann kann von Gott nicht mehr ausgesagt werden, er sei ein Wesen *quo maius nihil cogitari potest*. Es kann ein moralisch vollkommeneres und mithin „größeres" Wesen als Gott gedacht werden: der W_{OC}-Bürger Smith. Schlesinger hat das *problem of evil* gelöst, jedoch nur für einen Gott, der weniger vermag als Smith, nicht für den Gott Anselms. Einen solchen „lesser God" zu verteidigen, ist sicher nicht das Ziel einer Theodizee, in welchem weiten Sinn auch immer verstanden.[35]

Schlesinger hat den Wert von O'Connors Kritik erkannt. Sie stellt, bekennt er freimütig, eine „remarkable and novel line of attack" dar.[36] Nachdem Schlesinger selbst einige sich sogleich ergebende Einwände gegen O'Connors Argument widerlegt hat, versucht er

35 Vgl. O'CONNOR, 1986, 249.
36 Vgl. SCHLESINGER, 1988b, 319.

O'Connors Attacke zu parieren.[37] Es ist hier der Gedanke, dass Gott durch seine *intermediaries* wirke, der die NBWS retten soll. Gott ist aufgrund seiner infiniten Macht unfähig, seine Omnibenevolenz direkt an der von ihm geschaffenen Welt auszudrücken. Was er vermag, ist indirekt durch Menschen wie Smith Gutes zu wirken.

> Thus great as [Smith], as contemplated by O'Connor, admittedly is, God who informs [Smith's] activities, should now be seen to be infinitely greater. For God, who because of His infinite power is incapable of displaying His benign nature directly shaping our earthly destinies, does so vicariously, not merely commanding it, but by defining goodness, purity and the pursuit of righteousness, as the sole objective of human earthly life.[38]

Gott setzt Smith zu seinem Stellvertreter ein, der an seiner statt tut, was Gott aufgrund seiner Natur nicht vermag. Durch Smith wirkt Gott indirekt das Gute, welches direkt zu wirken für ihn unmöglich ist, da er das Gute nicht befördern kann „so weit es ihm möglich ist". Wie aber derjenige, der einen Stellvertreter einsetzt, größer ist als der Stellvertreter selbst, so ist auch Gott größer, d.i. vollkommener, als Smith. Für Schlesingers Verteidigung ist der Unterschied zwischen Gott und dem *Menschen* Smith wesentlich. Smith kann gerade deshalb zum Instrument der göttlichen Omnibenevolenz werden, weil er nicht allmächtig ist. Smith kann das Gute befördern „so weit es ihm möglich ist", was sein Schöpfer gerade nicht vermag.

O'Connor hat – ohne sich direkt auf Schlesingers Antwort zu beziehen – 1998 eine Version seines Arguments vorgelegt, in der nicht mehr Gott und Mensch, sondern zwei Götter miteinander konkurrieren.[39] Der Unterschied zwischen einem allmächtigen und einem nicht-allmächtigen Wesen, auf dem Schlesingers Argument

37 Vgl. zum Folgenden aaO., 321. Vgl. aber auch bereits Schlesinger, 1988a, 66f.

38 Schlesinger, 1988b, 321.

39 Vgl. zum Folgenden O'Connor, 1998, 164f.

aufbaut, fällt somit fort. Angenommen es gibt einen Gott A, der der Schöpfer einer beliebigen Welt ist. Nach Schlesinger kann der Gott A niemals angeklagt werden, welche Welt er auch erschafft, da er seiner Verpflichtung, die beste aller möglichen Welten zu realisieren, niemals nachkommen kann. Nun ist aber auch ein Gott B denkbar, der eine bessere Welt als Gott A erschafft. Wenn Gott B eine bessere Welt erschafft als Gott A, wobei er in jeder anderen Hinsicht Gott A genau gleich ist, dann ist Gott B moralisch vollkommener und mithin „größer" als Gott A. Von Gott A kann daher nicht gesagt werden, er sei ein Wesen *quo maius nihil cogitari potest.* Für Gott B gilt entsprechend, dass es zu der Welt, die er erschafft, wiederum eine bessere Welt gibt, deren Schöpfer Gott C ist, usw. Anders gewendet: Die Reihe der möglichen Weltenschöpfer ist ebenso infinit wie die Reihe der möglichen Welten. Wenn es keine beste mögliche Welt gibt, gibt es auch keinen besten möglichen Schöpfer.

O'Connors Argument ist m.E. zumindest in der Version von 1998 überzeugend. Es muss jedoch daran erinnert werden, dass, wie O'Connor selbst gesteht, seine Attacke keine Widerlegung der NBWS darstellt. Das einzige, was gezeigt wurde, ist, dass der Gott Schlesingers nicht der Gott Anselms ist. Dieses Ergebnis kann nun in zweifacher Hinsicht bewertet werden. Wenn Anselms Definition Gottes als eines Wesen *quo maius nihil cogitari potest* nicht nur traditionsgeschichtlich bedeutsam, sondern wesentlich dafür ist, auf wen sich jemand bezieht, wenn er von „Gott" redet, dann ist die NBWS in der Tat sinnlos. Schätzt man hingegen Anselms Definition nicht so hoch ein und meint vielmehr, dass der Referent des Namens „Gott" uns überhaupt nur über eine Kette von Tradenten zugänglich sei, dann kann die NBWS durchaus sinnvoll sein. Wählt man die zweite Option, dann muss es allerdings auch erlaubt sein, die Allmacht Gottes oder seine Allwissenheit in Frage zu stellen. Stellt man Anselms Definition zur Disposition, können auch die anderen traditionell Gott zugeschriebenen Eigenschaften fallen. Es mag darüber gestritten werden, ob ein solcher Schritt möglich, vielleicht sogar ratsam ist; solange aber nicht klar begründet wird, warum jemand von Gott sprechen kann, ohne ihm die wesentlichen Prädikate der Tradition zuzulegen, ist die NBWS keine Verteidigung Gottes, sondern eines Gott sehr ähnlichen Wesens.

3.2.3 Die Kritik von Morris

Thomas Morris hat versucht, die NBWS gegen ihre Kritiker zu verteidigen. In einem entscheidenden Punkt glaubt er jedoch, Einspruch gegen Schlesingers Argument erheben zu müssen. Bei genauer Betrachtung, so Morris, erweist sich die Aufgabe der Theodizee als eine doppelte. Es gibt „more than one problem of evil".[40] Das erste *problem of evil* besteht laut Morris darin, dass die Existenz Gottes angesichts des Übels in der Welt allem Anschein nach nicht behauptet werden kann, das zweite darin, dass Leiden und Schmerz sinnlos erscheinen.[41] Die Unterscheidung, die Morris hier vornimmt, ist keineswegs neu und wurde schon mehrfach benannt. Schlesinger selbst hat das, was Morris als zweites *problem of evil* bezeichnet, 1964 als *problem of suffering* terminologisch vom ersten *problem of evil* abgegrenzt,[42] welches zu lösen von Anfang an allein seine Absicht war. Morris meint aber, dass dem Theismus kein großer Dienst getan sei, wenn nur das *problem of evil* in Schlesingers Sinn, nicht aber das *problem of suffering* gelöst werde.

> Many theists may feel that even if Schlesinger's claims are logically compatible in one way or another with every major tenet of classical theism, they run counter to at least the spirit of theistic religion at its important point.[43]

Wäre Religion eine rein metaphysische Angelegenheit, so könnte die NBWS u.U. bestehen. Da es in der Religion aber auch um einen bestimmten „spirit" geht, darf die Frage nach dem Sinn des Leidens und dem Trost für den einzelnen nicht völlig ausgeklammert werden. Nach Morris muss eine Theodizee immer beide *problems*

40 Morris, 1984, 182.
41 Vgl. aaO., 182f.
42 S.o. 18.
43 Morris, 1984, 183

of evil lösen. Dass sein Argument damit auf einer völlig anderen Ebene liegt als etwa die Kritik von Rosenberg, scheint klar. Morris geht es nicht um die Kohärenz der NBWS, welche er gegen die Kritiker der NBWS vielmehr zu verteidigen versucht, sondern um den Status des Arguments. Er verlangt mehr von einer Theodizee als die Aufhebung einer Inkompatibilität, er verlangt eine *consolatio philosophiae*.

Schlesinger stimmt Morris darin zu, dass die NBWS keinerlei Trost für den Leidenden bereithalte.[44] Nur glaubt er, dass auch das *problem of suffering* gelöst werden könne, bedenkt man die Güte Gottes, welche dieser durch seine *intermediaries* auf Erden wirke,[45] ein Argument, das Schlesinger bereits gegen O'Connor ins Feld geführt hat. Morris' zweites *problem of evil* (= Schlesingers *problem of suffering*) wird durch die guten Taten, die vernünftige Geschöpfe an Gottes statt vollbringen, beantwortet. Schlesinger hat hier allerdings unrecht, wenn er meint, dass diese Lösung eine Konsequenz der NBWS sei.[46] Wie Steven Grover richtig festgestellt hat, handelt es sich hier um Überlegungen, die „independently of the DDS solution" angestellt werden müssen.[47] Die NBWS selbst bietet keinen Anlass dazu, die „virtuous activities" vernünftiger Geschöpfe als Antwort auf eines der beiden *problems of evil* zu behaupten. Vielmehr gibt Schlesinger hier eine zweite Antwort auf das zweite *problem of evil* und diese Antwort besteht, wie der Fortgang von Schlesingers Text zeigt, [48] in nichts anderem als der *virtuous response solution* (VRS). Gott lässt Übel zu, um eine tugendhafte und die Seele stärkende Reaktion in den vernunftbegabten Geschöpfen hervorzurufen. Was Schlesinger nicht einzugestehen vermag, ist, dass er mit zwei unterschiedlichen Theodizeen auf zwei unterschiedliche Probleme

44 „Morris's argument, [...] is a sophisticated elaboration of the problem started earlier, that the DDS argument provides no basis for religious solace" (SCHLESINGER, 1988a, 63).

45 Vgl. aaO., 63f.

46 Vgl. aaO., 64.

47 Vgl. GROVER, 1993, 229.

48 Vgl. SCHLESINGER, 1988a, 64ff.

antwortet. Auf das erste *problem of evil,* d.i. das philosophische Problem, antwortet er mit der NBWS; auf das zweite, d.i. das *problem of suffering,* mit der VRS. Es handelt sich hier nicht um eine, sondern um zwei Theodizeen. Nun ist deren Kombination nicht erst Schlesingers Einfall, sondern wird bereits von Morris empfohlen und als *hybrid theodicy* bezeichnet.[49] Schlesinger antwortet also keineswegs, auch wenn er diesen Eindruck erwecken will, auf die Kritik von Morris', sondern greift dessen Verbesserungsvorschlag lediglich auf.

Dass die NBWS notwendig auf andere Theodizeen angewiesen ist, zeigte sich bereits bei der Kritik von Shea.[50] Dort folgte aus dem Problem, dass nach der NBWS keineswegs klar ist, wie Gott noch „gut" genannt werden kann, die Kombination der NBWS mit der FWD. Bei O'Connors erster Kritik lag der Fall ähnlich. Auch hier konnte die NBWS nur bestehen, wenn sie um eine *intermediaries*-Theodizee ergänzt wurde. Die NBWS löst nur ein sehr isoliertes Problem und muss daher mit anderen Lösungen verbunden werden. Diese Lösungen sind aber zumeist Standardlösungen (GGD im o.g. Sinn[51]), womit die NBWS einen entscheidenden Vorteil einbüßt. Zeichnete sie sich bisher dadurch aus, dass sie gerade keine *story* erzählen musste, die erklärt, warum Gott das Übel zulassen muss, so zeigt sich jetzt, dass sie das Problem nur verschiebt. Die NBWS kann ohne eine zweite Theodizee, die eben eine solche *story* bietet, nicht bestehen, und ist somit zumindest als Versuch einer Überwindung der klassischen Theodizeen gescheitert.

3.2.4 Die Kritik von Chrzan

Chrzan kritisiert die NBWS in ähnlicher Weise wie Morris. Auch ihm geht es nicht um den Nachweis eines internen Fehlers, sondern darum, ob die NBWS überhaupt eine wesentliche Frage beantwortet. Er spricht in diesem Zusammenhang von der Irrelevanz der

49 Vgl. Morris, 1984, 184.
50 S.o. 47.
51 S.o. 6.

NBWS.[52] Was Schlesinger zeigen könne,[53] sei nur, warum die bestehende Welt nicht die beste aller möglichen Welten sei, nicht aber, warum sie nicht frei von Übel sei. Er kann nach Chrzan, die „nonmaximal excellence" erklären, aber nicht das Übel im eigentlichen Sinn.[54] Für Schlesinger fallen diese Begriffe freilich zusammen: Etwas wird als Übel betrachtet, weil es den maximalen DDS für die größte mögliche Anzahl von Geschöpfen verhindert.[55] Was hier stillschweigend vorausgesetzt wird, ist, so Chrzan, eine Interpretation jeglichen Übels im Sinne einer *privatio boni*.[56] Der gleiche Einwand wird auch von Madden und Hare sowie Richard Swinburne erhoben,[57] und ist, wirft man einen Blick auf die DDS-Linie, in der Tat berechtigt. Die DDS-Linie lässt keine negativen Werte zu,[58] und insofern ist ein bestimmter Zustand, der durch einen Punkt auf der DDS-Linie repräsentiert wird, immer mehr oder minder gut aber niemals eindeutig schlecht. Jemand kann im Zustand eines äußerst unzufriedenen Schweins oder gar einer unglücklichen Amöbe sein – niemals wird von Schlesinger dieser Zustand als positives Übel gefasst. Die Regel (R') ist ebenso wie Regel (R) nur positiv formuliert oder, in der Terminologie Rosenbergs, nur als Gebot. Jedes Fehlverhalten muss daher als Zurückbleiben hinter der durch die Regel (R') bezeichneten Forderung gedeutet werden, das aus

52 Vgl. Chrzan, 1987, 163. Zu Chrzans Kritik im Ganzen vgl. O'Connor, 1998, 162ff.

53 Chrzan bezieht sich hierbei nicht nur auf Schlesinger, sondern alle Vertreter einer *no best world solution*. (Vgl. Chrzan, 1987, 163f.)

54 Vgl. ebd.

55 S.o. 54.

56 Vgl. Chrzan, 1987, 165.

57 „The objection to God's existence is rather that there are some actual morally bad elimnable states; moral badness is not just the absence of moral goodness" (Swinburne, 1998, 9). Vgl. auch Madden u. Hare, 1968, 39.

58 Chrzan unterscheidet im ersten Teil seines Aufsatzes zwischen drei Interpretationen der Wendung „Hierarchie des Guten". Die erste Interpretation, die er auch bei Schlesinger vermutet, nennt er „gross good". Steht G für einen bestimmten Grad des DDS, dann gilt unter dieser Interpretation: $0 \leq G < \infty$, d.i. der DDS kann keine negativen Werte annehmen. (Vgl. Chrzan, 1987, 162ff.)

diesem Fehlverhalten folgende Übel mithin als *privatio boni*. Chrzan hat daher vorgeschlagen eine neue Regel (im Folgenden Regel (V)) einzuführen:

(V) *Ceteris paribus* steigere den DDS einer Person A so weit wie möglich und verhindere Situationen, die zu einer Minderung des DDS von A führen.[59]

Nach Chrzan entspricht die Regel (V) mehr der Intuition als Schlesingers Regel (R'). Die Regel (V) vorausgesetzt, steht es Gott nicht mehr frei, eine sehr schlechte Welt zu erschaffen. Chrzan stellt sich ein omnipotentes Elternpaar vor, dessen Kind eine geistige Einschränkung aufweist und nach der von Schlesinger imaginierten Operation einen wesentlichen höheren DDS aufweisen würde als zuvor. Nach (R') wären die omnipotenten Eltern nicht zu tadeln, wenn sie das Kind in seinem Zustand beließen, nach (V) hingegen wären sie es. Die Regel (V) vorausgesetzt, ist Schlesingers NBWS nicht mehr möglich. Dafür, dass er eine Situation herbeiführt, die den DDS des Zustands einer Person eindeutig mindert, kann Gott nicht mehr damit entschuldigt werden, dass er als omnipotentes Wesen keine beste mögliche Welt erschaffen kann. Wie Rosenbergs Verbot so bringt auch Chrzans Regel (V) zum Ausdruck, dass die NBWS notwendig auf eine privative Interpretation des Übels angewiesen ist.

Trifft es nun also zu, dass Schlesinger alles Übel als *privatio boni* versteht und er mithin nur erklären kann, warum die Welt nicht maximal vollkommen ist, nicht aber, warum es positives Übel gibt, dann ist, so Chrzan, die entscheidende Frage der Theodizee nicht gelöst. Ähnlich wie Morris gesteht Chrzan der NBWS jedoch zu, dass sie ein gewisses Problem gelöst habe, wenn dieses Problem auch im Vergleich mit den wahren Herausforderungen, vor denen die Theodizee stehe, eher unbedeutend sei. Greift man auf Leibniz' Einteilung der Übel zurück, so scheint Schlesinger alles Übel auf das metaphysische Übel zu reduzieren.

59 Vgl. ebd.

> [...] Schlesinger glosses over the distinction between evil and lack of good, much as did privation theorists. He tacitly subsumes all evil ("moral" and "physical") into the category of evil Leibniz called "Metaphysical".[60]

Metaphysisches Übel besteht nach Leibniz darin, dass die Welt nicht so vollkommen ist wie Gott selbst.[61] Leibniz selbst löst das Problem, indem er in der notwendigen Unterschiedenheit der Welt von Gott den zureichenden Grund für ihre Unvollkommenheit entdeckt. Schlesingers Lösung ist es, einen höchsten Grad der Vollkommenheit für logisch unmöglich zu erklären.[62]

Chrzan konzediert: Schlesinger hat das Problem des metaphysischen Übels gelöst, ebenso wie Leibniz es getan hat. Nur bestehe die wahre Aufgabe einer Theodizee eben in der Lösung der Probleme, die das moralische und metaphysische Übel aufwerfen, und insofern leiste die NBWS nicht, was sie leisten sollte. Thomas Morris' Kritik war hier weniger scharf. Er gestand der NBWS zu, mit der Lösung zumindest eines der beiden *problems of evil* einen wertvollen Dienst geleistet zu haben. Chrzan kann hingegen in einer Teillösung gar keinen Wert sehen, solange nicht die ganze Lösung vorliegt, und verwirft die NBWS daher als irrelevant. Das Gleiche gilt entsprechend von Leibniz' Lösung des Problems des metaphysischen Übels.

Chrzans Kritik liegt auf der gleichen Linie wie die Kritiken La Paras und Rosenbergs. Entsprechend muss auch die Antwort ähnlich ausfallen. Zunächst muss zugestanden werden: Schlesinger vertritt in der Tat einen privativen Begriff des Übels. Doch ist dieser bei einer unendlichen Verpflichtung durchaus angebracht.

60 Chrzan, 1987, 165.

61 Vgl. Leibniz, Th. Bd. I, § 21. (= S. 241).

62 Leibniz' Voraussetzung, dass Gott vollkommener sein muss als seine Schöpfung, spielt bei Schlesinger keine Rolle. Vielmehr behauptet er: „[I]n certain respects an omnipotent being is capable of doing less than a finite creature" (Schlesinger, 1977, 78). Daher ist die Frage bei Schlesinger, genauer gefasst, schlicht, warum die Welt nicht vollkommen ist. Das „wie Gott" kann bei ihm entfallen.

Schlesinger beharrt zu Recht darauf, dass es keinen positiven oder negativen DDS gibt. Eine Grenze kann hier schlicht nicht festgelegt werden. Situationen zu vermeiden, die den DDS vermindern, ist gleichbedeutend damit, Situationen herbeizuführen, die ihn steigern. Die einzige andere Möglichkeit wäre gar nicht zu handeln, d.i. den DDS weder zu mindern noch zu erhöhen. Der Punkt, der einen bestimmten DDS auf der DDS-Linie repräsentiert, kann, wenn überhaupt, nur nach rechts oder links verschoben werden. Keine Minderung des DDS herbeizuführen, bedeutet aber den Punkt nicht nach links zu verschieben. Und hier stellt sich abermals die Frage: Links wovon? Bei unendlichen Linie gibt es keinen Mittelpunkt und die Unterscheidung zwischen den von Chrzan vorgeschlagenen Handlungen ist ebenso unmöglich wie die zwischen *positive evils* und *negative evils, sins of omission* und *sins of commission.* Wenn Chrzan daher davon spricht, die NBWS sei irrelevant, weil sie das Problem des Übels nicht löse, hat er Unrecht.[63] Irrelevant ist sie aus einem anderen Grund, wie sich noch erweisen wird. Chrzan erwägt aber auch die Möglichkeit, dass die NBWS nicht irrelevant, sondern überflüssig sei. Weil sie nur einen Teil des Übels erklären könne, müsse sie notwendig andere Theodizeen, namentlich GGD, zu Hilfe nehmen. Seien diese gegeben, bedürfe es der NBWS nicht mehr, weil GGD alles, was die NBWS erkläre, selbst hinreichend erklärten. Damit spricht sich Chrzan dezidiert gegen Morris' Vorschlag einer *hybrid theodicy* aus. Die NBWS kann nur dann sinnvoller Teil einer *hybrid theodicy* sein, wenn sie ein Übel erklären kann, das keine GGD erklärt. Und dies ist nach Chrzan nicht der Fall.

63 Vgl. CHRZAN, 1987, 166.

3.3 Jüngste Kritiken

3.3.1 Die Kritik von Grover

Wenn Schlesinger Recht hat, dann sind wir – vorausgesetzt, wir verfügten über die technischen Fähigkeiten – verpflichtet, ein zufriedenes Schwein in einen unzufriedenen Philosophen zu verwandeln. Nimmt man „Schwein" hier wörtlich, so scheint dies gleichermaßen Nonsens wie eine unmittelbare Konsequenz der NBWS zu sein.[64]

Grovers Kritik ist v.a. eine Kritik der Beispiele, die Schlesinger wählt. So weist er mit Recht darauf hin, dass es nicht das Gleiche sei, das Potential eines geistig behinderten Kindes zu steigern und ein zufriedenes Schwein in einen unzufriedenen Philosophen zu verwandeln.[65] Ein geistig eingeschränktes Kind kann schlicht nicht mit einem zufriedenen Schwein gleichgesetzt werden. Daher sei es auch nicht sinnvoll, die *happiness* jenes Kindes mit der eines Schweines zu vergleichen.[66] Der Punkt, an dem ein Schwein und der, an dem ein Mensch zufrieden gestellt ist, ist, so Grover, nicht derselbe; menschliche und tierische *happiness* sind schlicht inkommensurabel. Es kann daher nicht davon gesprochen werden, dass eine Person X, die an eine *happiness*-Maschine angeschlossen wird, eine gewisse *happiness* einbüßt, wenn ihr Potential dadurch gesteigert wird, dass ein gnädiger Philosoph sie von der Maschine trennt. Was die Person X, als sie an die Maschine angeschlossen war, erlebt hat, war gar nicht menschliche *happiness*, sondern etwas völlig anderes.[67] Schlesingers Beispiele können laut Grover nicht zeigen, dass der DDS eine *two-valued function* ist. Es sei schlicht nicht wahr, dass mit der Steigerung des Potentials notwendig eine Einbuße an *happiness* verbunden ist.[68] Ferner könne der DDS auch nicht unendlich gesteigert werden. Hätte besagte Person X etwa einige zusätzliche

64 Vgl. Grover, 1993, 225.
65 Vgl. aaO., 215
66 Vgl. aaO., 216f.
67 Vgl. aaO., 218.
68 Vgl. ebd.

Ohren, d.i. wäre ihr Potential zur Aufnahme von Musik *prima facie* gesteigert, dann würde daraus noch keineswegs folgen, dass sie wirklich mehr Musik genießen könnte. Dass Menschen sich nicht auf zwei Musikstücke gleichzeitig einlassen können, habe nichts mit ihrem Ohren-Potential zu tun, sondern damit, dass sie unfähig sind, zwei Emotionen gleichzeitig zu empfinden.[69]

Grover gesteht zu, daß er hier freilich ein wenig unfair sei. Schlesinger geht es darum, dass es *logisch* möglich sein muss für X, sich in einem Zustand, der einen höheren DDS aufweist, zu befinden.[70] Und die Unmöglichkeit, zwei Emotionen gleichzeitig zu empfinden, ist gewiss keine logische Unmöglichkeit. Der entscheidende Punkt ist hier aber das „für X". Aus der Tatsache, dass X kein Schwein sein will, folgt nicht, dass X ein Super-Sokrates sein will. Das Problem mit Super-Sokrates ist, dass wir gar nicht wissen, was für eine Art von Person er ist und sein Zustand für uns daher nicht *desirable* erscheint. Grover hält fest:

> Everything that makes our lives worthwile is capable of intensification only within the conditions of that life.[71]

Super-Sokrates stellt in diesem Sinne eine völlig abstrakte Möglichkeit dar, deren Verwirklichung niemand wünschen kann. Super-Sokrates zu sein liegt außerhalb den Grenzen menschlicher Vorstellungskraft und außerhalb der Grenzen menschlichen Wünschens. Grover greift hier m.E. auf Argumente zurück, die ihren Ursprung in der neueren Qualia-Debatte haben. Dass sich niemand wünschen kann, ein Super-Sokrates zu sein, hat seinen Grund darin, dass niemand weiß, wie es für Super-Sokrates ist, er selbst zu sein. Zu wissen, wie es ist, ein Super-Sokrates zu sein, ist ebenso unmöglich wie die Frage zu beantworten: *What is it like to be a bat?*[72]

Gegen Grover könnte leicht eingewendet werden, dass für Schlesinger gerade nicht entscheidend ist, wie sehr eine Person X sich

69 Vgl. aaO., 222f.
70 Vgl. aaO., 224.
71 AaO., 225.
72 Vgl. NAGEL, 1974, 436ff.

wünscht, ein Super-Sokrates zu sein, sondern, wie wünschenswert Super-Sokrates' Zustand objektiv betrachtet ist. Doch hält Grover dagegen, Schlesingers Begriff von *desirability* sei „as equally ill-chosen as Schlesingers examples".[73] Mehr noch, Grover will zeigen, dass von objektiver *desirability* überhaupt nicht sinnvoll gesprochen werden kann. Was Schlesinger behauptet, ist eine objektive Hierarchie möglicher Wesen, in welcher der unzufriedene Philosoph über dem zufriedenen Narren steht. Solch eine Hierarchie, welche den Begriff einer objektiven *desirability* rechtfertigen würde, kann es nach Grover niemals geben. Zu Illustration wählt er das Bild eines Heißluftballons als Allegorie der aktualen Welt.[74] Mehrere mögliche Wesen streiten nun um einen Platz in der Gondel. Nach Schlesingers Hierarchie müsste dem unzufriedenen Philosophen eher ein Platz eingeräumt werden als dem zufriedenen Narren. Dass aber der erste ein größeres Recht hat als der zweite, in der Gondel einen Platz zu erhalten, ist keineswegs einleuchtend. Ein höherer DDS begründet noch keineswegs ein höheres Existenzrecht. Ein möglicher Sokrates und ein mögliches geistig behindertes Kind haben das gleiche Anrecht darauf realisiert zu werden; jede andere Deutung wäre moralisch bedenklich.

Die wahre Pointe von Grovers Argument besteht m.E. darin, dass es bei der NBWS nicht darum geht, in welchem Zustand *wir* als Bewohner der aktualen Welt sein sollen, sondern welche Wesen überhaupt sein sollen. Grover deutet die DDS-Linie nicht als Hierarchie möglicher Zustände, sondern möglicher Wesen. Wird diese Interpretation akzeptiert, besagt die Regel (R'), dass Gott die Verpflichtung hat, eine Welt zu erschaffen, in der nur Wesen vorkommen, die im höchsten Grad vollkommen sind, d.i. einen maximalen DDS aufweisen. Alle anderen möglichen Wesen dürfen in dieser Welt nicht vorkommen. Wenn ich als eine unvollkommene Person von Gott fordere, er solle die Regel (R') befolgen, fordere ich daher nichts anderes, als dass Gott eine Welt erschaffen soll, in der es

73 Grover, 1993, 226.
74 Vgl. ebd.

mich nicht gibt, denn als unvollkommenes Wesen bin ich zwar einer gewissen Vervollkommnung fähig, aber, zumindest in den Grenzen meines Lebens, nicht einer Vervollkommnung im höchsten Grad. Letztlich ist es das Problem der Identität, das hier berührt wird. Grover spricht sich gegen Schlesinger dafür aus, dass ein Zustand der Welt, den Gott herbeiführen soll, auch für uns als Geschöpfe der aktualen Welt wünschbar sein muss. Wenn eine normale Person X in einen Super-Sokrates verwandelt wird, d.i. in einen Zustand versetzt wird, den sie nicht wünschen kann, ist ihr ebenso wenig geholfen wie einem Schwein, das in einen Philosophen verwandelt wird. Dass die normale Person X und der für sie unvorstellbare Super-Sokrates noch dieselbe Person sind, ist ebenso fragwürdig wie, dass ein Schwein im Zustand des Sokrates noch ein Schwein ist. Schlesinger setzt voraus, dass die Identität einer Person und der Zustand, in dem sie sich befindet, nichts miteinander zu tun haben. Ob dies ein sinnvolles Konzept personaler Identität darstellt, ist mehr als fraglich.[75]

Wenn Schlesinger die Regel (R') formuliert, fordert er von Gott, eine Welt zu erschaffen, in der George Schlesinger, ich und jedes andere unvollkommene Wesen nicht mehr vorkommen. Das Bild vom Heißluftballon zeigt diese Konsequenz überdeutlich. Nach der NBWS muss das *problem of evil* gelöst sein, wenn Gott keine unvollkommenen Geschöpfe mehr zulässt. Anders gewendet: Gott

75 O'Connor analysiert treffend, dass Schlesingers Argument eine cartesianische Auffassung der Identität voraussetzt. Auf Schlesingers Sokrates-Beispiel angewandt: „[...] while God could indeed open-endedly replace Socrates by Super-Socrates and Super-Socrates by Super-Super-Socrates, and so on, it does not follow that God could open-endedly improve *Socrates himself*, nor *could* Socrates himself, while remaining himself, be improved without limit. For Socrates identity as the particular human person he is is not a pristine thing detachable from the web of involvements with the world, the Lebensworld [sic!] that Socrates shares with others" (O'Connor, 1998, 170). Dem hier von O'Connor ins Feld geführten „anti-cartesianischen" Identitätsbegriff kann indes auch selbst widersprochen werden. Das zeigt sich besonders deutlich bei Adams, der den gleichen Identitätsbegriff wie O'Connor und Grover zum Aufbau einer eigenen Theodizee nutzt. S.u. 88ff.

ist nicht mehr verpflichtet, die Existenz des Leidens, sondern die des Leidenden zu verhindern.

3.3.2 Die Kritik von Gwiazda

Gwiazdas Kritik bezieht sich auf die NBWS[1977] und wendet sich, wie die Kritik von Grover, gegen den Begriff des DDS. Mit den Kritiken von La Para, Rosenberg und Chrzan verbindet sie, dass das zentrale Problem darin gesehen wird, ob die Regel (R') wirklich alle Verpflichtungen Gottes angemessen formuliert.

Gwiazda führt zu Beginn seines Aufsatzes eine grundlegende Unterscheidung ein. Es gibt Verpflichtungen, die *maximizable* sind, und solche, die *unmaximizable* sind.[76] Eine Verpflichtung, die ab einem bestimmten Grad als erfüllt gelten kann, ist *maximizable*, eine Verpflichtung, die unendlich ist, ist *unmaximizable.* Die Verpflichtung, das Potential einer Person so weit wie möglich zu steigern, ist *unmaximizable.* Die größte *happiness* herbeizuführen, ist nach Gwiazda hingegen eine *maximizable obligation.* Die erste Behauptung über die Verpflichtung, das höchste Potential herbeizuführen, deckt sich vollkommen mit der NBWS. Dass aber *happiness* ein Maximum aufweisen soll, kann zumindest für die NBWS[1964] nicht behauptet werden. Die Pointe war hier ja gerade, dass die Verpflichtung, die *happiness* zu steigern (d.i. die Regel (R)), unendlich, d.i. in Gwiazdas Worten *unmaximizable* ist. Seltsamer Weise liefert Gwiazda kein Argument gegen die Behauptung der NBWS[1964], dass *happiness* nicht maximiert werden kann, sondern glaubt sich vielmehr im vollkommenen Einklang mit Schlesinger.

Vorläufig sei aber Gwiazda seine Behauptung zugestanden, dass die Verpflichtung, das Potential einer Person zu steigern, eine *unmaximizable obligation,* die Verpflichtung, die *happiness* einer Person zu steigen, eine *maximizable obligation* darstellt. Diese beiden Verpflichtungen verknüpft Schlesinger durch die Regel (R'). Zu fordern, dass der DDS einer Person so weit wie möglich gesteigert werden

76 Vgl. zum Folgenden Gwiazda, 2007, 482.

soll, bedeutet eine Abwägung zwischen Potential und *happiness* zu verlangen. Dabei wird, so Gwiazda in der Nachfolge Chrzans, vorausgesetzt, dass die Steigerung des Potentials und die der *happiness* voneinander abhängig sind. Denkt man an Schlesingers Beispiel des Mannes zurück, der an eine Glücksmaschine angeschlossen wird, so scheint dieses Bild zu suggerieren, dass durch die Loslösung von der Maschine zwar ein höheres Potential erreicht wird, die *happiness* aber gleichzeitig abnimmt. Ein höheres Potential ist notwendig mit einer geringeren *happiness* verbunden. Wechselseitiger *decrease* und *increase* der beiden Faktoren machen den DDS zur einer *two-valued function.*[77]

Gwiazda entwickelt nun als Gegenbegriff zum DDS den DCS (*degree of cleanliness and size)*, der ebenfalls eine Verpflichtung formuliert, die selbst wieder eine Abwägung zwischen zwei untergeordneten Verpflichtungen darstellt.[78] Die beiden Verpflichtungen sind in Gwiazdas Beispiel die eines Hotelbesitzers. Dieser ist verpflichtet, 1. die Zimmer seines Hotels möglichst groß anzulegen und sie 2. möglichst sauber zu halten. Die erste Verpflichtung (im Folgenden kurz *size*) ist eine *unmaximizable obligation;* ein Hotelzimmer kann – die kontingenten Eigenschaften dieses Universums nicht berücksichtigt – unendlich groß sein. Es gibt kein maximal großes Hotelzimmer. Die Verpflichtung, einen Raum sauber zu halten (im Folgenden kurz *cleanliness*), ist hingegen eine *maximizable obligation.* Ein Raum kann so sauber sein, dass ein höherer Grad an Sauberkeit nicht mehr gedacht werden kann. Die Frage ist nun, ob die beiden Faktoren *size* und *cleanliness* wechselseitig voneinander abhängen.

77 Vgl. aaO., 483. Nach Gwiazda besteht der Trick Schlesingers gerade darin, „to tack on an unmaximizable obligation to a maximizable one" (ebd.). Verpflichtungen, die nicht maximierbar sind, kann auch Gott nicht erfüllen. Wird eine maximierbare Pflicht, die Gott durchaus erfüllen kann, mit einer nicht-maximierbaren verbunden, entsteht laut Gwiazda eine Pflicht, die selbst nicht maximierbar ist. Durch Kombination mit einer nicht-maximierbaren Pflicht wird eine maximierbare Pflicht selbst in eine nicht-maximierbare verwandelt, d.i. eine Pflicht, die Gott nicht erfüllen kann.

78 Vgl. zum Folgenden aaO., 482.

Für ein normales Hotel mag dieses u.U. gelten. Arbeiter, die ein Hotelzimmer vergrößern, wirbeln bei ihrer Arbeit möglicherweise – im wörtlichen Sinne – viel Staub auf, der vom Servicepersonal nicht rechtzeitig vor dem Eintreffen der Gäste entfernt werden kann.[79] Geringere Sauberkeit mag hier eine Bedingung für ein größeres Zimmer sein, auch wenn dies keineswegs evident ist. Imaginiert man nun aber ein *celestial hotel*, dessen Besitzer und Leiter Gott selbst ist, so scheint es nicht mehr plausibel, eine Dependenz von *cleanliness* und *size* anzunehmen.[80] Gott muss keinen Staub aufwirbeln, um für die Vergrößerung eines Zimmers zu sorgen, d.i. er kann das Zimmer vergrößern, ohne dass er den Preis geringerer Sauberkeit bezahlen müsste. Freilich kann es auch im himmlischen Hotel kein maximal großes Zimmer geben, wohl aber ein maximal sauberes Zimmer. Mehr noch, es kann erwartet werden, dass alle Zimmer im himmlischen Hotel maximal sauber sind.

Wenn auch selbst Gott die *unmaximizable obligation*, ein Zimmer möglichst groß zu gestalten, nicht erfüllen kann, so ist er doch im Stande, die davon völlig unabhängige *maximizable obligation*, die Zimmer im himmlischen Hotel einwandfrei sauber zu halten, zu erfüllen. Wenn die beiden Faktoren des DCS voneinander unabhängig sind, so ist es nach Gwiazda auch plausibel anzunehmen, dass es die beiden Faktoren des DDS sind. Gott kann das Potential steigern, ohne die *happiness* zu vermindern und umgekehrt. Gwiazda moniert, Schlesingers Beispiele seien hier irreführend. Es handle sich um sehr spezielle und gesuchte Beispiele, in denen es tatsächlich zu einer Abwägung zwischen Potential und *happiness* kommt. Normaler Weise sei dies nicht der Fall. Es kann, so Gwiazda, auch eine Operation vorgestellt werden, bei der das Potential einer Person gesteigert wird, ohne dass die *happiness* vermindert wird. Wenn der Arzt während der Operation grundlos auf den Patienten einschlägt, ist diese Handlung nicht falsch, weil sie den DDS mindert, sondern weil sie schlicht die *happiness* herabsetzt.[81] Den DDS zu steigern, ist

79 Vgl. aaO., 485.
80 Vgl. zum Folgenden aaO., 482f. 485.
81 Vgl. ebd.

hier nicht die relevante Verpflichtung. Wird der Patient operiert, ist die Steigerung seines Potentials relevant, wird der Patient verprügelt, wird gegen die Pflicht, jedermanns *happiness* zu steigern, verstoßen. Der *increase* in einem Bereich ist vom *decrease* im anderen genauso unabhängig wie die Operation vom Verprügeln selbst.[82] Auch gibt es Situationen, in denen ganz andere Faktoren als die des DDS miteinander in Beziehung gesetzt werden, etwa Wahrhaftigkeit und *happiness*. So bleibt es nach Gwiazda schließlich für Gott bei der Verpflichtung, die *happiness* aller Geschöpfe maximal zu steigern, unabhängig von der Tatsache, dass er kein einziges Geschöpf mit maximalem Potential ausstatten kann.

Abgesehen von der Tatsache, dass Gwiazda nirgends ein Argument dafür liefert, warum es ein Maximum für *happiness* geben sollte, muss auch seine zentrale Behauptung, dass Potential und *happiness* voneinander unabhängig seien, in Frage gestellt werden. Nimmt man das Beispiel des Arztes, kann eingewandt werden, dass es bereits die *happiness* mindert, sich überhaupt einer Operation unterziehen zu müssen. Nun ist durchaus vorstellbar, dass eine Operation mit keinerlei Gefahren noch Unannehmlichkeiten verbunden ist. Doch selbst dann beweist Gwiazdas Beispiel noch nicht viel. Entscheidend ist, dass mit der Operation irgendeine Veränderung des Zustandes des Patienten verbunden ist, und dass eine solche Veränderung immer mit einem Verlust an *happiness* verbunden ist. Potential und *happiness* sind insofern immer voneinander abhängig, als die Erhöhung des Potentials einer Person X immer mit der Veränderung des Zustandes von X verbunden ist und diese wiederum mit der Erfahrung herabgesetzter *happiness*. Ein Schwein wird *happiness* verlieren, wenn es in einen Sokrates verwandelt wird, nicht weil die Metamorphose physische Schmerzen bereitet oder – dies wäre freilich Schlesingers Argument – es sein tierisch-stumpfes Glück einbüßt. Das Schwein ist vielmehr deshalb weniger glücklich, weil es die Veränderung selbst als leidvoll erfährt. Freilich muss dies nicht von jeder Veränderung gelten, aber doch zumindest von

82 Vgl. aaO., 484.

jeder, die mit einer Änderung der Identität einhergeht. Die eigene Identität zu verlieren, wie es das in einen Sokrates verwandelte Schwein erlebt, ist gewiss eine leidvolle Erfahrung.[83]

83 Vgl. zum Problem der Identität die Kritik von Grover (s.o. 75f) sowie die *no best world solution* von Adams (s.u.88ff).

4 Bewertung der gesamten Diskussion

Bevor eine abschließende Beurteilung der gesamten NBWS-Diskussion versucht werden kann, müssen die bisherigen Ergebnisse zusammengetragen werden.

1. La Paras *problem of existence* kann zumindest als Kritik an der NBWS nicht aufrechterhalten werden. Schlesingers Gegenargument ist plausibel. Gleiches gilt für die Kritik von Madden und Hare.

2. Die Kritiken von La Para, Rosenberg und Chrzan sind sich alle darin ähnlich, dass sie Schlesinger vorwerfen, er habe die Verpflichtungen Gottes insofern nicht vollständig erfasst, als er einen zu schwachen Begriff des Übels voraussetze. Ob nun zwischen positiven und negativen Übeln, *sins of omission* und *sins of commission* oder metaphysischem Übel und natürlichem sowie moralischem Übel unterschieden wird, in allen Fällen lautet die Kritik, Schlesinger habe Gott nur von einer seiner Verpflichtungen dispensiert. Schlesinger habe gezeigt, warum Gott negative Übel, *sins of omission* und das metaphysische Übel nicht vorgeworfen werden können. Die Frage aber, warum es positives Übel, *sins of commission*, natürliches und moralisches Übel gibt, habe er aber nicht beantwortet. Schlesinger hat in diesem Sinne nur eine „halbe Lösung" geliefert. Gegen diese Kritiken können ebenfalls, wie Schlesinger es z.T. selbst getan hat, Gegenargumente formuliert werden. V.a. die Isolierung verschiedener Teilverpflichtungen ist bei einer unendlichen Verpflichtung nicht mehr möglich, wie Schlesinger durch seine (gewiss unsaubere) geometrische Veranschaulichung zeigt. Allerdings hat Wall in seiner Kritik deutlich gemacht, dass Schlesingers Vorgehen hier, formal

betrachtet, nicht zufriedenstellend ist. Die Möglichkeit, dass eine verbesserte Version der Argumente von La Para, Rosenberg und Chrzan zur Widerlegung der NBWS führt, bleibt bestehen.

3. Winslow Sheas Kritik nötigt Schlesinger dazu, weitere Regeln einzuführen, aufgrund deren Befolgung Gott „gut" genannt werden kann. Namentlich die Gerechtigkeit Gottes und sein Wirken durch *intermediaries* führt Schlesinger jetzt ins Feld. Gegen Shea gelingt dies Manöver, wenn auch, wie Grover richtig bemerkt, Schlesingers Argumente mit der ursprünglichen NBWS nichts zu tun haben. Die Einführung dieser und anderer Zusatzannahmen (etwa ein Fortleben nach dem Tod) ist charakteristisch für die fortgeschrittene Debatte.

4. Auch auf O'Connor, der Schlesinger vorwirft einen „lesser God" zu verteidigen, antwortet dieser mit Gottes Wirken durch *intermediaries*, nachdem O'Connor selbst eine Antwort, die sich auf die Gerechtigkeit Gottes beruft, als unmöglich abgewiesen hat. In einer späteren Version von O'Connors Argument helfen aber auch die *intermediaries* nicht mehr. Selbst Zusatzannahmen können es jetzt nicht mehr verhindern, in der NBWS die Verteidigung eines Gottes zu sehen, der kein Wesen *quo maius nihil cogitari potest* ist.

5. Die Diskussion zwischen Morris und Schlesinger steht vor dem Problem, dass es hier um die grundsätzliche Frage geht, was von einer Theodizee überhaupt verlangt werden kann und muss. Schlesingers Antwort ist bezeichnend. Wenn die NBWS nur das *problem of evil*, nicht aber das *problem of suffering* lösen kann, so sei das Gute, das Gott durch seine *intermediaries* wirkt, doch zumindest ein Hinweis auf die Lösung des *problem of suffering*. Hier ist Schlesinger endgültig bei einer zweiten Theodizee, einer Variante der VRS angelangt. Morris' Vorschlag, die NBWS zum Teil einer *hybrid theodicy* zu machen, d.i. sie etwa mit einer GGD zu verbinden, scheint daher zunächst sinnvoll. Chrzan hat aber durchaus recht, wenn er die NBWS für überflüssig erachtet, sobald eine überzeugende GGD vorhanden ist. Eine gelungene GGD, die genau die durch die NBWS vernachlässigte Hälfte (*sins of commission*, positive Übel,

moralisches Übel, natürliches Übel) abdeckt, nicht aber auch die von der NBWS gelöste Hälfte, ist schwer vorstellbar.

6. Eine *prima facie* überzeugende Kritik an Schlesingers 1977 entwickeltem Begriff des DDS hat Steven Grover geübt. Schlesinger setzt in der Tat eine fragwürdige Auffassung personaler Identität voraus. Gwiazdas Kritik am Begriff des DDS hingegen scheitert, weil Gwiazda die Unabhängigkeit der beiden Faktoren Potential und *happiness* nicht ausreichend begründen kann.

Es ist nun auf Morris' eingangs zitierte Charakterisierung der gesamten NBWS-Diskussion zurückzukommen. Morris konstatiert, dass die Kritiker sich keineswegs einig darüber seien, worin der Fehler der NBWS genau besteht, wenn sie sich auch einig seien, dass die NBWS scheitert.[1] Lässt sich nun auch gewiss nicht sagen, dass die Kritik an der NBWS einer klaren Linie folgt, so kann doch nach der hier vorgenommenen Untersuchung zumindest eine Tendenz festgehalten werden. Das zentrale Problem scheint darin zu liegen, dass Schlesinger eine unvollständige „Lösung" des *problem of evil* geliefert hat, was ihn mehr und mehr dazu zwingt, sich auf von der NBWS unabhängige theistische Annahmen wie die Gerechtigkeit Gottes, sein Wirken durch *intermediaries*, etc. zu berufen. Die Unvollständigkeit der NBWS scheint näher darin zu bestehen, dass Schlesinger die Verpflichtungen Gottes nicht angemessen erfasst. Die Uneinigkeiten vieler Kritiker beginnen nun dort, wo es gilt, genau zu bestimmen, welche Verpflichtungen Gottes Schlesinger übersieht. Der Grund hierfür liegt m.E. darin, dass eine entscheidende Vorfrage jeder Theodizee weder von Schlesinger noch von den meisten seiner Kritiker erörtert wird: Auf wen bezieht sich ein Sprecher, wenn er von „Gott" redet? La Para, Rosenberg und Chrzan haben in verschiedener Hinsicht Schlesingers Begriff des Übels kritisiert. Allein O'Connor hat in Frage gestellt, ob Schlesinger jenen Gott verteidigt, von dem die philosophische Tradition redet. Ob Schlesingers Begriff des DDS sinnvoll ist, ob das Wesen des Übels angemessen erfasst ist, ob die Verpflichtungen Gottes in

1 Vgl. Morris, 1984, 173. S.o. xii.

ihrer Gesamtheit berücksichtigt sind, schließlich ob eine Theodizee auch das *problem of suffering* lösen muss – alle diese Fragen sind erst dann relevant, wenn klar ist, dass Schlesinger eine *Theo*-Dizee, eine Verteidigung *Gottes*, liefert, in welchem nicht-klassischen Sinn auch immer. O'Connors Argument zeigt zumindest, dass dies nicht der Fall ist, solange Gott mit Anselm als *aliquid quo maius nihil cogitari potest* angesehen wird. Anselms Definition zu bestreiten wäre zwar möglich, doch bedürfte es hierfür eines erheblichen Aufwandes.[2] Es rächt sich hier, dass Schlesinger bei der Entwicklung der NBWS grundlegende Fragen wie die nach Gehalt und Wahrheit religiöser Sprache ausblendet. Shea hat gezeigt, dass die NBWS auch auf einen Dämon angwendet werden kann. Um die NBWS zu retten muss Schlesinger sich hier auf von der NBWS unabhängige Aussagen über Gott berufen. Die NBWS, nur für sich betrachtet, verfügt nicht über einen Gottesbegriff, der ausreichend ist, um Gott von einem Dämon oder, auf die Kritik von O'Connor bezogen, von einem sehr mächtigen, sehr wohlwollenden Wesen abzugrenzen. Illustrativ gesprochen: Die NBWS ist keine Verteidigung Gottes sondern eines Demiurgen. Die NBWS kann das *problem of evil* deshalb nicht zum Verschwinden bringen, weil das *problem of evil* ein Argument gegen die Existenz Gottes ist und nicht gegen die eines Demiurgen. Die Definiton des Übels ist im Vergleich hierzu ein sekundäres Problem. Die NBWS ist daher in der Tat irrelevant, wie Chrzan bemerkt, doch nicht aufgrund eines unzureichenden Begriffs des Übels, sondern weil sie etwas verteidigt, welches zu verteidigen gar nicht ihr Ziel ist. Wenn sie durch Zusatzannahmen jenes Wesen, das sie verteidigt, versucht zu einem Gott zu machen – einem Wesen, das gerecht ist und durch *intermediaries* wirkt –, ist sie überflüssig, weil sie notwendig andere Theodizeen voraussetzt. Wenn Gott aufgrund seines Wirkens durch *intermediaries* gut genannt werden kann, unabhängig

2 Die NBWS steht hier vor einem ähnlichen Problem wie die prozesstheologischen Versuche das *problem of evil* zu lösen. Beide können nur eine Theodizee liefern durch Modifikation des Gottesbegriffs und setzten sich so dem Verdacht von *ad hoc*-Maßnahmen aus, auf welche Schlesinger gerade verzichten wollte.

davon, welche Übel es sonst gibt, dann ist das *problem of evil* gelöst. Die Güte Gottes kann zugleich mit dem Übel bestehen. Eine *hybrid theodicy* aus NBWS und VRS oder FDW ist daher wenig sinnvoll. Kann die FWD oder die VRS bestehen, ist bereits gezeigt, dass die Existenz eines allgütigen allmächtigen Wesens nicht widersprüchlich ist und die NBWS ist mithin überflüssig. Können FWD und VRS nicht bestehen, kann die NBWS auch nicht bestehen, da sie andere Theodizeen benötigt, um sich überhaupt auf ein Wesen, über das hinaus nichts Größeres gedacht werden kann, zu beziehen.

5 Andere *No Best World Solutions*

Im Folgenden sollen drei verschiedene *no best world solutions* dargestellt und diskutiert werden, die unabhängig von Schlesingers NBWS entwickelt wurden.[1] Die Darstellung hat den Charakter eines Exkurses; im letzten Kapitel werde ich wieder zu Schlesinger selbst zurückkehren. Mit Schlesinger teilen die Entwickler der hier genannten Theodizeen die Überzeugung, dass die bestehende Welt weder die beste mögliche ist noch sein muss. Das *problem of evil* kann gelöst werden, auch wenn die beste mögliche Welt nicht realisiert werden kann. Im Unterschied zu Schlesinger behaupten jedoch nicht alle behandelten Autoren, dass die beste mögliche Welt für Gott *tatsächlich* unrealisierbar sei. In dieser Hinsicht gehen nur Forrest und Reichenbach mit Schlesinger konform. Die beiden anderen Autoren versuchen lediglich zu zeigen, dass die Gerechtigkeit Gottes auch dann behauptet werden kann, wenn sich erweist, dass die aktuale Welt nicht die beste mögliche ist.[2]

1 Es ist erstaunlich, dass keiner der hier behandelten Autoren, die ihre Arbeiten zwischen 1972 und 1981 veröffentlicht haben, Schlesingers NBWS in einer ihrer Fassungen überhaupt erwähnt.

2 Man könnte bei den *no best world solutions* zwischen *no best possible world solutions* im Sinne Schlesingers und *not the best world solutions* im Sinne von McHarry und Adams unterscheiden. Zweitere verzichten darauf, eine Inkohärenz des Begriffs „beste mögliche Welt" nachzuweisen. An dem sachlichen Gehalt ändert dies nichts. *Not the best world solutions* und *no best possible world solutions* sind in gleicher Weise klassischen Theoidzeeversuchen (GGD) entgegengesetzt.

5.1 Adams' *No Best World Solution*

Adams' Überlegungen, denen er selbst nicht den Rang einer Theodizee zubilligen will,[3] gehören dem zweiten beschriebenen Typus von *no best world solutions* an. Obwohl er selbst Zweifel an der Möglichkeit einer besten möglichen Welt hegt, nimmt Adams *ex hypothesi* sogar an, dass es eine solche gäbe.[4] Was er zeigen will, ist lediglich, dass Gott nicht dafür angeklagt werden kann, dass die Welt, die er erschaffen hat, nicht die beste mögliche Welt ist. Konkretes Ziel von Adams' Aufsatz ist es, folgende Proposition zurückzuweisen:

(AD) Wenn ein vollkommen guter Akteur eine Welt erschafft, müsste dies die beste Welt sein, die er erschaffen kann.[5]

Eine Zurückweisung von (AD) ist nach Adams nur möglich, wenn man von einer anderen ethischen Position als der utilitaristischen ausgeht.[6] Tut man dies, bleiben, so Adams, noch zwei Möglichkeiten (AD) zu verteidigen. 1. Es kann vorgebracht werden, dass Gott jemandes Recht verletzt bzw. jemanden nicht so gut behandelt, wie er es als ein allmächtiges, gutes Wesen tun müsste, wenn er nicht die beste mögliche Welt erschafft. 2. Erschafft Gott eine Welt, die nicht die beste mögliche ist, beweist dies, selbst wenn niemand dadurch Schaden erleidet, dass Gott an einem „defect of character" leidet.[7] Adams versucht, diese beiden Argumente, die die Gültigkeit von (AD) für Gott zeigen sollen, zu entkräften und so zu zeigen, dass (AD) aufgegeben werden muss. Das 1. Argument, welches besagt, dass Gott jemandem Unrecht tut bzw. ihn weniger gut behandelt, als er es vermag, wenn er nicht die beste mögliche Welt erschafft, widerlegt Adams, indem er die Unsinnigkeit dieser Beschwerde aufzeigt. Sein Argument erinnert dabei stark an jenes, das Grover gegen Schlesinger vorgebracht hat.[8]

3 Vgl. ADAMS, 1972, 317, Anm. 1.
4 Vgl. aaO., 317f.
5 Vgl. ebd.
6 Vgl. aaO., 318.
7 Vgl. ebd.
8 S.o. 72ff.

Man stelle sich ein beliebiges unvollkommenes Geschöpf vor, das in einer Welt, die nicht die beste mögliche ist, existiert. Dieses Geschöpf klagt: „Gott hätte mich in einer besseren möglichen Welt erschaffen sollen."[9] Das Geschöpf kann sich aber nicht sicher sein, dass es selbst Teil dieser besseren möglichen Welt wäre. Sein Wunsch, in einer besseren möglichen Welt zu existieren, kann gleichbedeutend sein mit dem Wunsch, dass Gott statt seiner ein anderes Geschöpf realisiere. Solch ein Wunsch würde aber kaum der Intention des Wünschenden („Mache mich zu einem glücklicheren Geschöpf") entsprechen, sondern müsste vielmehr als irrational beurteilt werden. Wer wünscht, ein glücklicheres Geschöpf zu sein, wünscht in Wahrheit, dass Gott ein anderes Geschöpf an seiner statt verwirkliche.[10] Der Wünschende täuscht sich selbst über den Inhalt des Gewünschten. Adams nennt zu Veranschaulichung einen ähnlichen in sich selbst widersprüchlichen Wunsch:

> And we often think very carelessly about counterfactual personal identity, asking ourselves questions of doubtful intelligibility, such as "What if I had been born in the Middle Ages?" It is very easy to fail to consider the objection, "But that would not have been the same person."[11]

Eine wichtige Einschränkung seines Arguments deutet Adams leider nur an.[12] Natürlich gibt es kontrafaktische Zustände, die meine personale Identität nicht gefährden. Wenn ich wünsche, ich hätte jetzt gerade keine Zahnschmerzen mehr (eine andere mögliche Welt), ist das wohl ein Wunsch, der meine personale Identität nicht gefährdet. Nur ein sehr strikter, kontraintuitiver Begriff von personaler Identität würde fordern, dass das wirkliche „ich", das zum

9 Wörtlich formuliert Adams: „The complaint might express a claim to special treatment: 'God ought to have created *me* in more favorable circumstances [...]'" (Adams, 1972, 321). Mit den „more favorable circumstances" ist, wie aus dem Folgenden hervorgeht, eine bessere mögliche Welt gemeint.

10 Vgl. ebd.

11 AaO., 328.

12 Vgl. aaO, 328, Anm. 7.

Zeitpunkt t_1 Zahnschmerzen hat, und ein mögliches „ich", das dem ersten „ich" in jeder Hinsicht gleicht, außer, dass es zum Zeitpunkt t_1 keine Zahnschmerzen hat, nicht dieselbe Person sind. Anders verhält es sich freilich, wenn ich wünsche, dass ich ein Marsianer vor fünfhundert Jahren wäre. Dieser Wunsch gefährdet meine personale Identität eindeutig. Wo hier die Grenze zu ziehen ist, kann m.E. nicht genau bestimmt werden. Eine Möglichkeit bestünde darin, zwischen wesentlichen und unwesentlichen Eigenschaften, die einer Person zukommen, zu unterscheiden. Diese Unterscheidung ist jedoch in sich selbst höchst problematisch. Für Adams' Argument hat dies jedoch keine Bedeutung. Er will lediglich widerlegen, dass Gott zur Erschaffung der besten möglichen Welt verpflichtet ist. Dafür genügt es, dass mein Wunsch, in der besten möglichen Welt zu leben, widersprüchlich ist. Der „Abstand" der besten möglichen Welt von der realen scheint – eine gewisse Vagheit bleibt hier zugestandener Maßen – genügend groß zu sein, um einen Sprung der Identität von der einen zu anderen anzunehmen. Ein Geschöpf, das wünscht, in der besten aller möglichen Welten zu existieren, wünscht, dass ein anderes Geschöpf an seiner statt existiere. Das 1. Argument, das (AD) stützen soll, scheint widerlegt. Gott tut keinem seiner Geschöpfe Unrecht, wenn er es nicht zu einem vollkommen glücklichen Wesen macht, da Gottes moralische Verpflichtungen sich nur auf wirkliche und nicht auf mögliche Geschöpfe beziehen.[13] Gott tut seinen Geschöpfen vielmehr alles Gute, das er ihnen zu tun vermag, denn täte er ihnen mehr Gutes – zumindest in einem relevanten Maß –, wären sie andere Geschöpfe als jene, die ursprünglich wünschten, bessere Geschöpfe zu sein.[14]

---

13 Vgl. aaO., 322f.

14 Adams diskutiert in diesem Zusammenhang ein Gegenbeispiel, das an Schlesingers „vollkommen glückliches Kind" von 1977 erinnert. (S.o. 53f.) Was, wird Adams vom fingierten Gegner gefragt, ist mit einem Elternpaar, das absichtlich eine Droge nimmt, von der es weiß, dass die Einnahme der Droge dazu führen wird, dass sie ein behindertes Kind zur Welt bringen? Adams gesteht zu, dass diese Eltern moralisch verwerflich handelten. Nur meint er, dass er ihre moralische Verfehlung nicht daran bestehe, dass sie gegen

Ein zentrales Problem von Adams' Argument besteht in der vorausgesetzten Konzeption personaler Identität. Dieses Problem bleibt bestehen, selbst wenn man die oben gemachte Einschränkung vornimmt. Adams' Konzeption von personaler Identität geht m.E. auf Leibniz zurück, der über Judas Ischarioth schreibt:

> Ein anderer aber wird fragen: woher kommt es, daß dieser Mensch mit Gewissheit diese Sünde begehen wird? Die Antwort ist leicht: Sonst wäre er nicht dieser Mensch. Denn Gott sieht von aller Zeit vorher, daß es einen Judas geben wird, dessen Begriff oder Idee, die Gott von ihm hat, jene zukünftigen freien Handlungen einschließt. So bleibt nur die Frage, warum ein solcher Judas, der Verräter, der in der Idee Gottes nur möglich ist, tatsächlich existiert.[15]

Nach Leibniz ist die Eigenschaft, der Verräter Christi zu sein, eine Eigenschaft, die Judas Ischarioth eindeutig bestimmt. Wäre er nicht der Verräter Christi, wäre er nicht Judas Ischarioth. Es gehört zu seinem Begriff, der Verräter Jesu Christi zu sein, und dieser Begriff, setzt Leibniz voraus, ist identitätskonstitutiv. Adams argumentiert parallel: Wäre ich ein best-mögliches Geschöpf, wäre ich nicht mehr ich. Die Eigenschaft, der Verräter Jesu Christi zu sein, ist gewiss eine wesentliche Eigenschaft von Judas Ischarioth. Damit ist der oben geforderten Einschränkung genüge getan. Dennoch: Leibniz und Adams setzen voraus, dass personale Identität als Fortbeste-

---

eine Regel verstoßen, die vorschreibt, ein vollkommenes bzw. best-mögliches Kind bekommen zu müssen. Adams' Widerlegung des Gegenbeispiels scheint mir stimmig, doch besteht hierin auch nicht das eigentliche Problem seines Ansatzes. (Vgl. ADAMS, 1972, 326ff.)

15 „Mai dira quelque autre, d'où vient que cet homme fera asseurement ce peché? La résponse est aisée, c'est qu'autrement ce ne seroit pas cet homme. Car Dieu voit de tout temps qu'il y aura un certain Judas dont la notion ou idée que Dieu en a, contient cette action future libre. Il ne reste donc que cette question, pourquoy un tel Judas, le traistre, qui n'est que possible dans l'idée de Dieu, existe actuellement" (LEIBNIZ, Discours, 140, übers. v. H. Holz, ebd., 141).

hen bestimmter wesentlicher Eigenschaften in möglichen Welten verstanden werden kann. Fasst man jedoch mit Saul Kripke „Judas Ischarioth" als einen *rigid designator* auf, ist dies nicht mehr möglich.[16] Kripke beschäftigt sich mit der Bedeutung von Eigennamen, doch seine Ausführungen haben auch wichtige Implikationen für das Problem personaler Identität.[17] Kripke argumentiert, grob vereinfacht, gegen eine Theorie von Eigennamen, die besagt, dass die Bedeutung von Eigennamen durch bestimmte Kennzeichnungen bzw. ein Bündel von Kennzeichnungen angegeben werden könne. Sein berühmtestes Beispiel ist der Name „Gödel".[18] Nach einer sehr simplen Kennzeichnungstheorie könnte der Name Gödel durch die Kennzeichnung „derjenige, der die Unvollständigkeit der Arithmetik entdeckte" ersetzt werden. Was aber, wenn wir uns getäuscht haben, fragt Kripke, und in Wirklichkeit Gödels Nachbar die Unvollständigkeit der Arithmetik entdeckte? Wäre dann Gödels Nachbar der Träger des Namens „Gödel", Gödel mithin nicht mehr „Gödel"? Kripke will mit diesem Beispiel seine These illustrieren, dass die Bedeutung eines Eigennamens in allen möglichen Welten dieselbe ist: Eigennamen bezeichnen in jeder möglichen Welt dasselbe, sie sind rigide Designatoren.

Ist nun aber – gegen Leibniz und Adams – „Judas Ischarioth" eben ein solcher rigider Designator, dann ist seine Bedeutung in allen möglichen Welten die gleiche, gleichgültig, ob Judas Ischarioth der Verräter Christi ist oder nicht. Übertragen auf das Problem personaler Identität bedeutet dies, dass Judas Ischarioth auch dann Judas Ischarioth bleibt, wenn er die wesentliche Eigenschaft, der Verräter Christi zu sein, in einer möglichen Welt nicht mehr besitzt. Dies war aber gerade der *nervus probandi* von Adams Argument. Ein unvollkommenes Geschöpf wie Judas Ischarioth kann über seine Unvollkommenheit nicht klagen, da es, sobald es vollkommen wäre, nicht mehr es selbst sein würde. Nach Adams bedeutet

16 „Let's call something a *rigid designator* if in every possible world it designates the same object [...]" (Kripke, 1980, 48).

17 Vgl. aaO., 42 („identity across possible worlds") u.ö.

18 Vgl. zum Folgenden aaO., 83ff.

der „Sprung" von der einen zur anderen, in relevantem Maß verschiedenen möglichen Welt den Verlust wesentlicher, die personale Identität konstituierender Eigenschaften. Gerade dies ist aber nach Kripke nicht mehr möglich. Ob Adams' Argument als schlüssig betrachtet werden kann, hängt daher wesentlich mit der Frage zusammen, ob Leibniz' oder Kripkes Konzeption personaler Identität überzeugender ist. Ob ich mir freilich vorstellen kann, wie es ist, ein best-mögliches Geschöpf zu sein, ist eine andere Frage.

Nur kurz soll jetzt noch auf Adams' Widerlegung des zweiten Arguments, das (AD) stützen soll, eingegangen werden.[19] Der Verteidiger von (AD) argumentiert: Nur ein Gott, der an einem „defect of character" krankt, würde unvollkommene Geschöpfe erschaffen. Ein vollkommener Schöpfer müsste hingegen immer das Beste, d.i. vollkommene Geschöpfe, realisieren. Adams pariert, indem er den Begriff der Gnade ins Feld führt. Ein gnädiger Gott, so Adams, kann auch nicht-best-mögliche Geschöpfe erschaffen, ohne dass er dadurch an Vollkommenheit einbüßt. Streng genommen haben auch best-mögliche Geschöpfe keinen Anspruch darauf, von Gott realisiert zu werden. Ihr hoher intrinsischer Wert ist nicht der Grund, warum Gott sie anstatt anderer Wesen realisiert, sondern ihre Realisation verdankt sich ebenso wie die jedes minderen Geschöpfs allein der göttlichen Gnade.[20] Problematisch an diesem Argument ist m.E., dass Adams nicht zwischen natürlichem und metaphysischem Übel unterscheidet. Es kann gewiss als Gnade angesehen werden, wenn Gott ein nicht-best-mögliches Geschöpf wie Judas Ischarioth erschafft anstatt eines wesentlich besseren Geschöpfs. Kann es aber auch als Gnade angesehen werden, ein leidendes Geschöpf statt eines nicht-leidenden zu erschaffen? Die Antwort ist alles andere als klar. Ein leidendes Geschöpf kann einerseits für seine Existenz dankbar sein. Es kann Gott dafür sogar preisen, dass es, trotz seines Leidens, realisiert wurde und nicht ein anderes Geschöpf, das nicht leidet. Es existiert lieber leidend als gar nicht. Andererseits stellt sich

19 Vgl. zum Folgenden Adams, 1972, 323ff.
20 Vgl. aaO., 324.

die Frage, ob Gott dasselbe Geschöpf nicht auch hätte erschaffen können ohne sein Leiden. Für Adams ist dies unmöglich, weil er das Leiden als identitätskonstitutiv ansehen muss. Dahinter steht aber ein, wie oben gezeigt, keineswegs unproblematischer Begriff von personaler Identität über verschiedene möglichen Welten hinweg.

Die Originalität von Adams' Ansatz besteht darin, das *problem of evil* auf das Problem personaler Identität zurückzuführen. Damit hat er gegenüber Schlesinger den Vorteil, nicht mehr die Unmöglichkeit der besten möglichen Welt erweisen zu müssen. Allerdings handelt er sich zugleich einige andere intrikate Probleme ein, die mit der der vorausgesetzten Identitätskonzeption zu tun haben. Das Problem wird verschoben, aber nicht gelöst.

5.2 Die McHarry-Forrest-Debatte

5.2.1 McHarrys „Theodicy"

Ebenso wie Adams will auch McHarry nicht die Unmöglichkeit der besten möglichen Welt beweisen, sondern lediglich zeigen, dass auch diese nicht-beste Welt einen allmächtigen, allgütigen Schöpfer als Urheber haben kann. McHarrys Leistung besteht zunächst darin, dass er auf eine implizite Voraussetzung des *problem of evil* hinweist, die s.E. auch von den klassischen Theodizeeversuchen (v.a. GGD) geteilt wird.

> Both the initial argument and the attempted refutations, however, seem to accept a covert premise that there is and can be but one actual world among all those which are possible. Given certain assumptions, this need not be the case.[21]

Von Gott wird gefordert, dass er die beste mögliche Welt realisiere. Realisiert er nur eine einzige Welt, dann muss diese die beste mögliche sein. Realisiert Gott aber mehrere mögliche Welten, so muss

21 McHarry, 1978, 132.

zwar eine darunter die beste mögliche, diese aber nicht zwangsläufig unsere Welt sein. Unter Welt versteht McHarry „a collection of spatiotemporally interrelated objects".[22] Diesen Weltbegriff vorausgesetzt ist es durchaus einsichtig, von einer Vielzahl von Welten zu reden. Es mag verschiedene raumzeitliche Korrelationsgefüge geben, die untereinander nicht in Verbindung stehen.[23] (Die letzte Bedingung ist notwendig, da sonst die vielen Welten doch wieder eine Welt wären.) Man mag einwenden, dass McHarry, indem er sich auf das komplizierte Gebiet der Multiversumstheorien begibt, eine keineswegs harmlose Voraussetzung macht. Allerdings setzt McHarry nur die Möglichkeit mehrerer realer Welten voraus. Dass dies tatsächlich so ist, können wir nach McHarry weder erkennen noch ist es für das Argument notwendig.[24] So herabgemildert ist m.E. McHarrys Voraussetzung unschuldig genug, um vorläufig akzeptiert zu werden. In jedem Falle ist sie keineswegs gewagter als jene Voraussetzung, die – wie McHarry richtig erkannt hat – die Advokaten des *problem of evil* selbst machen, d.i. die Behauptung, dass es nur eine reale Welt geben könne. Beides ist gleichermaßen unverifizierbar, da der Weltbegriff selbst gerade erfordert, dass die verschiedenen realen Welten in keinster Weise voneinander Kenntnis haben dürfen.[25]

Nun kann gegen McHarry eingewandt werden, Gott könnte ja die beste mögliche Welt mehrmals erschaffen, d.i. alle realen Welten, die Gott erschafft, wären schlicht Kopien der besten möglichen. Hiergegen wendet sich McHarry, indem er eine weit weniger harmlose Voraussetzung einführt: Leibniz' *principium identitatis indiscernibili-*

22 McHarry, ebd. Der von McHarry vorausgesetzte Weltbegriff wird von R. K. Perkins in Frage gestellt. Nach Perkins kann die Gesamtheit aller Welten im Sinne McHarrys als *universe* bezeichnet werden. Dann ergibt sich aber als neue Herausforderung für McHarry nachzuweisen, dass dies Universum das beste mögliche ist, was ihm, so Perkins, nicht gelingt. (Vgl. Perkins, 1980, 168f.)

23 Vgl. McHarry, 1978, 132.

24 Vgl. aaO., 133.

25 Vgl. aaO., 134.

um in seiner starken Fassung.[26] Jede reale Welt muss, so McHarry, von jeder anderen realen Welt in mindestens einer Eigenschaft unterschieden sein, sonst wäre sie die gleiche Welt. Freilich kann dieser Unterschied auch darin bestehen, dass in der einen Welt alle Objekte zwei Zentimeter größer sind als in der anderen. Die Eigenschaft, die zwei Welten voneinander unterscheidet, muss keine sein, die auf den Wert dieser Welt Einfluss hat. Auch *adiaphora* machen einen hinlänglichen Unterschied. Damit kehrt aber laut McHarry das Problem in anderer Gestalt wieder. Die Welt, in der wir existieren, muss zu der Klasse der optimalen Welten gehören,[27] d.i. die Klasse der Welten, die von der besten möglichen Welt in einer Eigenschaft, die in Bezug auf den Wert der Welt indifferent ist, unterschieden sind. McHarry muss daher nicht nur zeigen, warum Gott weitere Welten neben der besten möglichen erschafft, sondern auch, warum er Welten erschafft, die nicht in der Klasse optimaler Welten enthalten sind.

Es gibt, argumentiert McHarry, Welten, die nicht optimal sind, aber besser als nichts. Erschaffung ist, so lange der Wert der Welt nicht im negativen Bereich liegt, immer besser als Nicht-Erschaffung. Daher hat Gott auch unsere, nicht-optimale Welt erschaffen.[28] Streng genommen folgt daraus, dass Gott jede mögliche Welt realisieren muss, die besser ist als nichts.

---

26 Vgl. aaO., 133. Das Prinzip besagt, in McHarrys Paraphrase, dass es nicht zwei nicht-identische Entitäten geben kann, die sich nicht zumindest in einem Punkt unterscheiden. Die Kritik an Leibniz' Prinzip beginnt bereits bei Kant. Gegen Leibniz beruft sich Kant auf „den gesunden Verstand, der sich nie wird überreden lassen, daß, wenn ein Tropfen Wasser an einem Orte ist, dieser einen ganz ähnlichen und gleichen Tropfen an einem anderen Orte zu seyn hindere" (KANT, AA XX, 282). Für Kants Argument muss vorausgesetzt werden, dass die beiden Wassertropfen sich in einem Raum befinden. Insofern kann diese Kritik nicht auf McHarrys Anwendung des *principium identitatis indiscernibilium* bezogen werden. Gleichwohl hat Kant mit seinem Argument gezeigt, das Leibniz' Prinzip keinen Anspruch auf Allgemeingültigkeit erheben kann.

27 Vgl. MCHARRY, 1972, 133.

28 Vgl. aaO., 134.

> This argument can of course be applied recursively to show why He would actualize *every* world which is better than nothing. (I admit that there may be some possible worlds which, being on the whole of negative value, would not be actualized.)[29]

McHarry muss hier, diametral zu Schlesinger, annehmen, dass es eine beste mögliche Welt gibt. Das zeigt sich leicht, wenn man McHarrys Theodizee mit dem am wenigsten fragwürdigen Teil von Schlesingers NBWS kombiniert. McHarrys zieht die Konsequenz, dass Gott streng genommen jede mögliche Welt, die besser ist als nichts, realisieren muss. Von diesen Welten hat Schlesinger aber mit Recht behauptet, dass ihre Reihe infinit ist. Zu jeder möglichen Welt gibt es eine andere, die noch besser ist. Denkt man die *happiness*-Linie,[30] so gibt es links von Null ebenso so viele Welten wie rechts von Null. Nach McHarry müsste Gott also alle Welten, die auf der *happiness*-Linie rechts von Null realisieren, d.i. eine unendliche Zahl an Welten. Eine unendliche Zahl an Welten zu realisieren ist aber in gleicher Weise unmöglich wie eine unendlich beste Welt zu realisieren. Abermals ist ein *concept of infinity*[31] involviert, das es selbst einem allmächtigen Wesen unmöglich macht, die Aufgabe zu erfüllen. Während Schlesinger daraus Kapital zu schlagen versucht, dass Gott eine unendliche Aufgabe nicht erfüllen kann, muss McHarry gerade behaupten, dass Gott unendliche Welten erschaffen kann, sonst hätte Gott keinen Grund die nicht-optimale Welt, in der McHarry existiert, zu realisieren. Der einzige Ausweg für McHarry bestünde dann darin, gerade diese Grundlosigkeit des göttlichen Handelns zu betonen, indem er, etwa mit Adams,[32] die Gnade Gottes in Spiel bringt. Gott würde dann nicht alle, d.i. unendlich viele mögliche Welten, die besser sind als nichts, erschaffen, sondern aus diesen suboptimalen Welten *sola gratia* einige auswählen,

29 Ebd.
30 S.o. 19ff.
31 S.o. 13.
32 S.o. 93.

die er realisiert. Mit diesem Konzept von Gnade würde McHarry aber eine weitere durchaus problematische Voraussetzung machen. Bedenkt man, dass McHarry bereits die Existenz mehrerer realer Welten und die Gültigkeit des *principium identitatis indiscernibilium* in seiner starken Form vorausgesetzt hat, fragt sich, ob sich seine Theodizee, angesichts so vieler wackeliger Stützen, noch zu halten vermag.

5.2.2 Forrests „Neglected Defences"

Forrests zwei Verteidigungen der Güte Gottes, die eigentlich ein Argument darstellen, vereinen Momente sowohl von Adams' als auch von McHarrys Theodizee. Dabei will Forrest nur das *philosophical problem of evil* lösen, das in einer vermeintlichen Inkonsistenz der göttlichen Attribute besteht, nicht aber das *theological problem of evil*, das auch erfordern würde, die Gründe Gottes für die Erschaffung der Welt, in der wir existieren, anzugeben.[33] Was Forrest liefern will, ist also sowohl weniger als eine *theodicy*, als auch weniger als eine *defence* im Sinne van Inwagens.[34] Forrest beginnt damit, dass er das sog. *principle of perfectionism* widerlegt. Dieses besagt, dass ein Akteur, der gut handelt, niemals einen Zustand herbeiführen wird, der irgendeine Form von Übel enthält. Ist es aber besser, fragt Forrest, eine Welt zu erschaffen, in der ein einzelner Mensch einen Moment lang Zahnschmerzen empfindet, die aber ansonsten in jeder Hinsicht vollkommen ist, oder auf die Erschaffung dieser Welt ganz zu verzichten? Wie McHarry nimmt auch Forrest an, dass Erschaffung in solchen Fällen besser sei als Nicht-Erschaffung. Ist es aber besser jene Welt, die ein geringes Übel beinhaltet, zu erschaffen anstatt sie nicht zu erschaffen, ist das *principle of perfectionism* widerlegt. Gott muss in diesem Fall, um „gut" genannt zu werden, einen Zustand herbeiführen, der ein freilich geringes Übel enthält.

Forrest führt eine weitere Unterscheidung ein, die für seine Ar-

33 Vgl. Forrest, 1981, 50.
34 S.o. 9.

gumentation zentrale Bedeutung besitzt. Weltversionen *(world-versions)* sind für ihn vollständige Beschreibungen einer möglichen Welt.[35] Diese können wiederum in Klassen (*kinds of worlds*) eingeteilt werden. Zwei *world versions* können, so Forrest, durchaus zugleich bestehen. Sie dürfen nur nicht Versionen der gleichen möglichen Welt sein. Eine mögliche Welt ließe sich demnach auch verstehen als eine Klasse von untereinander inkompatiblen Weltversionen. Das Verhältnis von Weltversionen zu möglichen Welten kann nach Forrest in dreifacher Weise interpretiert werden:[36]

(a) Jede Weltversion ist eine mögliche Welt. (Leibniz)

(b) Es gibt keine genau fixierbare Grenze zwischen möglichen Welten. Weltversionen sind niemals im strengen Sinne inkompatibel. *(Deliberate Vagueness Thesis)*

(c) Mögliche Welten sind identisch mit Weltklassen (*kinds of worlds*). *(The One of a Kind Thesis)*

Forrest setzt ebenso wie McHarry voraus, dass Gott mehrere mögliche Welten zugleich realisieren kann, ohne für sein Argument zu fordern, dass Gott dies tatsächlich tut.[37] Nimmt man die Zurückweisung des *principle of perfectionism* hinzu und akzeptiert Interpretation (a), dann, meint Forrest, ist das *problem of evil* bereits gelöst. Gott erschafft alle mögliche Welten, gleichgültig, ob sie Übel enthalten oder nicht. Leider macht Forrest an dieser Stelle nicht die gleiche Einschränkung wie McHarry, dass alle Welten, die Gott erschaffen hat, zumindest besser sein müssen, als nichts bwz. eine Welt, in der sich Gutes und Übel neutralisieren. Eine Welt, die mehr Übel als Gutes enthält, sollte Gott nicht erschaffen dürfen. Nach Forrests Argumentation scheint Gott aber schlicht jede mögliche Welt erschaffen zu müssen. Hier liegt eine Schwäche seines Arguments. Ferner ist es plausibel mit Schlesinger anzunehmen, dass

35 Vgl. Forrest, 1981, 50.
36 Vgl. zum Folgenden aaO., 51.
37 Vgl. aaO., 52.

die Zahl der möglichen Welten infinit ist. Es ergibt sich das gleiche Problem wie bei McHarry: Damit die Theodizee gelingt, muss Gott eine Aufgabe erfüllen, die ein *concept of infinity* enthält, was selbst für ein allmächtiges Wesen nicht möglich ist.

Forrest gesteht indes zu, dass seine Lösung nur so lange tragfähig sei, wie Interpretation (a) für das Verhältnis von Weltversionen und möglichen Welten akzeptiert wird. Gott kann eine gute Version jeder möglichen Welt erschaffen. Sind Weltversionen selbst mögliche Welten, so erschafft Gott schlicht alle (guten) möglichen Welten. Wird diese Identifikation aber nicht vorgenommen, erhebt sich das *problem of evil* von neuem. Warum hat Gott nicht eine Version dieser Welt erschaffen, die kein (oder weniger) Übel enthält? Auf diese Frage antwortet Forrest mit einem Argument, das er selbst als *no best possible world defence* bezeichnet.

Der erste Argumentationsschritt geht mit Schlesinger parallel. „Beste mögliche Welt" ist ein ebenso infiniter Begriff wie „größte mögliche Zahl".[38] Gott kann daher die beste mögliche Welt nicht erschaffen, weil auch ein allmächtiges Wesen einen infiniten Begriff unmöglich realisieren kann. Unter Zurückweisung des *principle of perfectionism* kann gesagt werden, dass Gott jede mögliche Welt erschaffen darf, so lange sie zumindest „gut" ist. Hier macht Forrest den bisher vermissten Schritt: Er nimmt wie McHarry an, dass Gott nicht jede Welt erschaffen kann, sondern nur eine solche, die besser ist als eine Welt, in der sich Gutes und Übel neutralisieren. Damit ist das Problem aber noch nicht gelöst, da es nicht um die beste mögliche Welt, sondern um die beste mögliche Version *dieser* Welt geht. Die entscheidende Frage ist nun, ob es eine solche beste mögliche Version dieser Welt geben kann. Interpretiert man das Verhältnis von Weltversionen und möglichen Welten im Sinne von (b) oder (c), kann, so Forrest, dies verneint werden. Zwar kann Gott unsere Welt durch einzelne Wunder verbessern, aber ab einem bestimmten Punkt führen diese Veränderungen dazu, dass unsere Welt aufhört

38 Vgl. ebd.

unsere Welt zu sein.[39] Interpretation (b) vorausgesetzt, kann dieser Punkt niemals genau bestimmt werden, da der Übergang von einer möglichen Welt zur anderen „fließend" ist. Von einer besten möglichen Version dieser Welt könnte aber nur gesprochen werden, wenn klar ist, ab wann unsere Welt aufhört unsere Welt zu sein. Anders formuliert: Die beste mögliche Version dieser Welt ist eine maximale Verbesserung dieser Welt, die selbst nicht mehr verbessert werden kann, ohne dass unsere Welt aufhörte unsere Welt zu sein. Und eben dieses Maximum kann, nach Interpretation (b) und (c), nicht genau bestimmt werden. Folglich muss Gott selbst dieses Maximum willkürlich bestimmen. Angewandt auf die Individuen in einer möglichen Welt schreibt Forrest:

> God cannot create all individuals perfect; he can alter the laws of nature a little or work a few miracles so as to make a few more individuals perfect, but the more he alters the world the less like this world it is. Thus God has to draw an abitrary line and limit the number of perfect individuals.[40]

Forrest macht sich hier, ebenso wie Adams, den Begriff der Identität für eine Lösung des *problem of evil* nutzbar. Sein Versuch ist, insofern er Weltversionen und mögliche Welten unterscheidet, elaborierter als der von Adams. Es kann m.E. jedoch ein Gegenargument konstruiert werden. Gott erschafft nach Forrest von jeder möglichen Welt jeweils eine Weltversion. Diese kann nicht die jeweils beste mögliche Weltversion sein, da „beste mögliche Weltversion" ein ebenso inkohärenter Begriff ist wie „beste mögliche Welt". Gott realisiert also irgendeine gute Weltversion jeder möglichen Welt, in der einige Geschöpfe vollkommen sind, andere nicht. Nimmt man nun an, dass Individuen in mehreren möglichen Welten existieren – was, wie ich oben versucht habe zu zeigen, plausibel ist –, dann muss mit Forrest angenommen werden, dass ein Individuum X in

39 Vgl. aaO., 53.
40 Ebd.

der einen möglichen Welt, die Gott realisiert, als vollkommenes Geschöpf existiert, in der anderen als nicht-vollkommenes. Es fragt sich aber, ob Gott nicht besser handeln würde, wenn er jedes Individuum nur einmal in einer Welt als vollkommenes Geschöpf, in den anderen Welten aber gar nicht erschaffen würde. Zu existieren ist freilich immer besser als nicht zu existieren. Ist es aber auch besser in zwei Welten, in einer davon vollkommen, in der anderen unvollkommen zu existieren als nur in einer einzigen Welt und dort vollkommen? Da es wohlgemerkt hier um Welten geht, die Gott realisiert hat, scheint mir dies nicht der Fall zu sein. Wenn ich in einer Welt vollkommen existiere, gewinne ich nichts dadurch, dass ich in einer anderen Welt unvollkommen existiere. Unvollkommene Existenz in einer Welt ist nur dann besser als Nichtexistenz, wenn ich nicht in einer anderen Welt vollkommen existiere. Die Weltversion einer möglichen Welt, die Gott realisiert, ist also doch nicht völlig arbiträr gewählt, sondern an Bedingungen geknüpft. Gott muss eine Weltversion jeder möglichen Welt realisieren, in der außer vollkommenen Geschöpfen keine anderen, unvollkommenen Geschöpfe vorkommen, die in einer anderen Welt als vollkommene Geschöpfe existieren.

5.2.3 Elliots Kritik

In seiner Kritik wendet sich Elliot sowohl gegen Schlesingers NBWS als auch eine gemeinsame Argumentationslinie, die er bei McHarry und Forrest zu entdecken glaubt. Während nach Schlesinger Gott jede mögliche Welt erschaffen kann, so Elliot, machen McHarry und Forrest zumindest die Einschränkung, dass Gott eine Welt erschaffen muss, die besser als „indifferent“ ist, d.i. die mehr Gutes als Übel enthält. Während Schlesinger sich mit Recht gegen diese Deutung seines Arguments verwahrt hat,[41] ist Elliots Interpretation des Ansatzes von McHarry durchaus zutreffend. Darüber, ob das Gleiche auch von Forrest gesagt werden kann, ist Elliot sich selbst

41 Vgl. SCHLESINGER, 1997, 64. Der gleiche Punkt wird auch in der Diskussion zwischen Schlesinger und Shea berührt. (S.o. 44ff.)

nicht sicher.[42] Nach McHarry – dies beschreibt Elliot zutreffend – muss zwischen drei Arten von möglichen Welten unterschieden werden: Welten, die insgesamt mehr Gutes als Übles enthalten, Welten, die indifferent sind, und Welten, die mehr Übel als Gutes enthalten.[43] Gegen das Argument, Gott müsse lediglich eine Welt, die besser als eine indifferente ist – auf McHarrys *multiple-worlds*-Argument geht Elliot nicht eigens ein[44] – lassen sich nach Elliot zwei Argumente vorbringen.

Betrachtet man die Gesamtheit aller Welten, die besser als indifferent sind, ließen sich diese weiter unterteilen. Konkret unterscheidet Elliot verschiedene „fine grained categories for evaluating world" wie etwa „wesentlich besser als indifferent" und „um ein weniges besser als indifferent".[45] Bei dieser Unterteilung bleibt, wie Elliot selbst gesteht, eine gewisse Vagheit.[46] Auch sei die Anzahl der Welten, die wir als endliche Wesen überhaupt überblicken können, sicherlich beschränkt.[47] Aber gerade daraus, dass wir über keine absolute Skala zur Bewertung möglicher Welten verfügen, versucht Elliot ein Argument gegen McHarrys Theodizee zu gewinnen.

> It is possible that our incapacity to draw broad evaluative distinctions beyond a certain boundary would God give a moral reason to create a world which falls within what for us is the uppermost category, despite the fact that from God's point of view there are infinitely many more categories.[48]

Kurz gesagt ist Elliots Argument dies: Es mag sein, dass aus Gottes Perspektive die Reihe der möglichen Welten, die besser als indifferent sind, unendlich ist. Dennoch darf Gott nicht jede Welt

42 Vgl. Elliot, 1993, 534, Anm. 2.
43 Vgl. aaO., 533f.
44 Vgl. allerdings aaO., 533, Anm. 1.
45 Vgl. aaO., 536f.
46 Vgl. ebd.
47 Vgl. aaO., 539 u.ö.
48 Ebd.

verwirklichen, die besser als indifferent ist, sondern muss eine solche Welt realisieren, die unserer Vorstellung von einer besten möglichen Welt entspricht. Analog könne auch ein Künstler dafür kritisiert werden, dass er nicht etwas wesentliche Besseres als ein „indifferentes Kunstwerk" geschaffen hat, auch wenn der Kritiker letztlich nicht weiß, zu welchen Höchstleistungen der Künstler überhaupt fähig ist. Wir müssen, so Elliot, nicht wissen, was das Beste ist, das Gott tun kann, um ihn zu kritisieren. Es reicht, dass wir wissen, er hätte etwas Besseres tun können. Mehr noch, Gott kann nicht nur dazu verpflichtet werden, eine besonders gute Welt zu erschaffen, sondern auch dazu, seinen Geschöpfen zu offenbaren, dass dies eine sehr gute Welt ist.[49] Moralische Beurteilung ist nach Elliot nicht gleichzusetzen mit axiologischer Beurteilung.[50] Ob Gott moralisch gut handelt, hänge nicht nur davon ab, wie gut die Welt ist, die er realisiert, sondern auch davon, dass die Geschöpfe diese Welt als eine, nach ihrem begrenzten moralischen Urteil nicht mehr zu verbessernde ansehen können. Nach Elliot ist Gott dazu verpflichtet, eine Welt zu realisieren, die die Geschöpfe als subjektiv „beste" ansehen können. Überblicken wir auch nicht die ganze Skala möglicher (guter) Welten, so kann doch von Gott gefordert werden, dass er die beste Welt, die wir noch begreifen können, realisiert. Damit hängt die Bewertung von Gottes Handeln aber nicht mehr nur von axiologischen, sondern auch von anderen Kriterien – anderen „Tugenden" Gottes – ab.

Das Problem dieser Kritik ist m.E. gerade die Unterscheidung von axiologischer und moralischer Beurteilung. Von ihr hängt, wie Elliot selbst zugibt,[51] das ganze Argument ab. Elliot bestreitet nicht, dass es zu jeder möglichen Welt – zumindest aus der Perspektive Gottes – eine noch bessere gebe. Um die Wahl zwischen möglichen Welten, die besser als indifferent sind, einzuschränken, benötigt Elliot Kriterien, die von der Güte der jeweiligen Welten unabhängig sind. Er

49 Vgl. aaO., 540.
50 Vgl. aaO., 536. 540. 542.
51 Vgl. aaO., 540.

glaubt ein solches nicht-axiologisches Kriterium gefunden zu haben, wenn er fordert, dass Gott seinen Geschöpfen ein wesentliches Wissen über ihre Welt offenbaren muss. Doch dieses Kriterium ist m.E. nur scheinbar nicht-axiologisch. Erschafft Gott eine Welt, die so gut ist, dass seine Geschöpfe sich keine bessere mehr vorstellen können, ist diese Tatsache selbst etwas, das zum Wert der Welt beiträgt. Das Wissen darum, glücklich zu sein, kann selbst als eine Steigerung des Glücks angesehen werden. Eine sehr gute Welt, von der ich weiß, dass sie sehr gut ist, ist gewiss besser als eine sehr gute Welt, über deren Wert ich im Unklaren bin. Dass wir den obersten Bereich der Skala guter möglicher Welten nicht überblicken, gehört selbst zu den Bedingungen dieser Welt. In der besten möglichen Welt würden wir die ganze Skala überblicken und entsprechend auch die beste mögliche Welt, in der wir lebten, als eine solche erkennen. Elliots Versuch, über die begrenzte Urteilsfähigkeit endlicher Geschöpfe McHarrys Theodizee zu widerlegen, misslingt, weil die Urteilsfähigkeit der Geschöpfe selbst wiederum davon abhängig ist, welche Welt Gott erschafft.

Auch Elliots zweites Argument gegen McHarry ist m.E. nicht stichhaltig. Elliot nimmt an, dass es durchaus zwei Welten geben könne, die *summa summarum* den gleichen Wert haben.[52] Die erste Welt enthält sehr viel Übel und sehr viel Gutes, die zweite Welt enthält genau so viel Gutes, wie an Gutem in der ersten Welt übrig bleibt, wenn das Übel abgezogen wird. Elliot nennt Welten des ersten Typs *worlds of mixed value*, Welten des zweiten Typs *worlds of unmixed value*. Angenommen, eine Welt von *mixed value* und eine Welt von *unmixed value* haben den gleichen Wert, dann muss nach Elliot Gott die *world of unmixed* und nicht die *world of mixed value* realisieren, denn eine Welt, die Übel bzw. Leiden enthält, sei immer schlechter als eine Welt, die kein Übel bzw. Leiden enthält.[53] Elliot etabliert hier ein neues Entscheidungskriterium für mehrere (gu-

52 Vgl. zum Folgenden aaO., 540ff.

53 Es ist bezeichnend, dass Elliot, obwohl er hier eindeutig eine nicht-axiologische Kategorie etablieren will, dennoch von „worse" und „better" spricht. Vgl. aaO., 542.

te) mögliche Welten. Dabei wird im Verlauf des Arguments selbst fraglich, ob die Voraussetzung, das zwei Welten den gleichen Wert haben können, selbst stimmt. Dass eine bestimmte Welt nur positive, aber keine negativen Werte enthält, macht diese Welt selbst wertvoller – man könnte von einem Wert zweiter Stufen sprechen – als eine Welt, die sowohl Gutes als auch Übel enthält. Abermals versucht Elliot eine scheinbar nicht-axiologische Kategorie einzuführen, die sich jedoch schnell als axiologische reinterpretieren lässt. Von einer besten möglichen Welt muss sicherlich sowohl gelten, dass diese Welt kein Übel enthält, als auch, dass die Geschöpfe in dieser Welt wissen, dass sie in der besten möglichen Welt leben. Gerade diese beiden Umstände verleihen u.a. der besten aller möglichen Welten ihren großen Wert.[54]

5.3 Reichenbachs *No Best World Solution*

Von den hier behandelten *no best world solutions* ist die Reichenbachs der Schlesingers am ähnlichsten. Auch Reichenbach versucht nicht nur zu zeigen, dass die Güte Gottes auch dann behauptet werden kann, wenn die aktuale nicht die beste aller möglichen Welten ist, sondern auch, dass Gott prinzipiell nicht dazu verpflichtet werden kann, die beste mögliche Welt zu realisieren, weil dies auch für ein allmächtiges Wesen unmöglich ist. Schlesingers Argumentation schwankt, wie oben dargestellt,[55] zwischen zwei Varianten. Schlesinger behauptet zum einen, dass der Begriff „beste mögliche Welt" unsinnig ist, zum anderen, dass es logisch unmöglich ist, die beste mögliche Welt, als einen infiniten Begriff, zu realisieren. Wie be-

54 Elliot gesteht selbst, dass ihm ein Gegner einwenden könnte, dass seine nicht-axiologischen Kategorien in Wahrheit axiologische seien. Seinem lapidarem Kommentar „but that is another story" kann keineswegs zugestimmt werden. Wenn die nicht-axiologischen Kategorien, die er benennt, gar keine solchen sind, bricht sein ganzes Argument zusammen. Die Frage, ob es überhaupt nicht-axiologische Kategorien für moralisches Handeln gibt, ist damit indes noch gar nicht berührt. Gegen Elliot aaO., 542.

55 S.o. 26f.

deutsam dieser gering erscheinende Unterschied ist, zeigt ein Blick auf Reichenbachs Theodizeeversuch. Wenn Schlesinger in seinen späteren Arbeiten eindeutig die zweite Variante vorzieht, muss er sich mit der Frage nach dem Können Gottes auseinandersetzen, was sein Argument, wie die Kritik O'Connors zeigt, nicht unwesentlich schwächt. Auch setzt, wie bereits erörtert,[56] die zweite Variante des Arguments voraus, dass das Prinzip *ultra posse nemo obligatur* auch auf Gott anwendbar sein muss. Die erste Variante ist die eindeutig stärkere. Leider spielt sie bei Schlesinger nur am Anfang eine Rolle. Reichenbach hingegen versucht sein Argument v.a. über die Bedeutungslosigkeit von „beste mögliche Welt" zu entwickeln.

> Since the notion of the best possible world ist not meaningful, it makes no sense to inquire whether God could create such a world. For though God is omnipotent, he cannot perform or bring about that which is impossible or meaningless.[57]

Reichenbach argumentiert mit dem gleichen *progressus ad infinitum* wie Schlesinger. Die Argumentation selbst verläuft dann, von einigen unwesentlichen Modifikationen abgesehen, parallel zu der Schlesingers. Bemerkenswert ist indes, dass Reichenbach auch eine mögliche Interpretation von „beste mögliche Welt" diskutiert, die Schlesinger nicht berücksichtigt. Für die klassische christliche Sichtweise, wie sie durch Augustinus und Thomas von Aquin repräsentiert wird, ist laut Reichenbach charakteristisch, dass unter „beste mögliche Welt" nicht diejenige verstanden wird, die von den besten Geschöpfen bevölkert wird, sondern diejenige, die die größte „richness and variety" aufweist.[58] Doch von dem Reichtum und der Vielfalt einer Welt kann nach Reichenbach das Gleiche gelten wie vom Zustand der Geschöpfe: Reichtum und Vielfalt können unendlich gesteigert werden, zu jedem Grad n, der Reichtum und Vielfalt

56 S.o. ebd.
57 Reichenbach, 1979, 208.
58 Vgl. aaO., 206f.

einer bestimmten Welt bezeichnet, gibt es immer einen Grad n + 1.[59] Reichenbach expliziert auch ansonsten sorgfältiger als Schlesinger, in welchem Sinn die beste mögliche Welt die beste ist.[60] Gleichgültig, welche Interpretation von „beste" jedoch vorgelegt wird (beste Geschöpfe, Geschöpfe mit vorzüglichen Eigenschaften, Reichtum und Vielfalt), immer ergibt sich laut Reichenbach der gleiche infinite Progress, der den Begriff einer „besten möglichen Welt" *ad absurdum* führt und somit Gott von seiner Pflicht dispensiert, die beste mögliche Welt zu realisieren.

David Basinger hat eine Kritik an Reichenbachs Argument vorgelegt, die wesentlich auf der Unterscheidung zwischen menschlichem und göttlichem Wissen beruht.[61] Gegen die behauptete Sinnlosigkeit des Begriffs „beste mögliche Welt" wendet Basinger ein:

> Now it certainly would be meaningless for us humans to claim that we could identify the upper limit to an infinite series of states of affairs. [...] If God is omniscient, however, and the series of possible worlds is infinite, then God necessarily has full knowledge of every particular in an infinite series.[62]

Daraus, dass wir als endliche Wesen nicht die ganze Skala möglicher Welten überblicken können, diese uns vielmehr infinit *erscheint*, folgt nach Basinger nicht, dass die Skala tatsächlich infinit ist. Wenn Gott, so argumentiert Basinger, allwissend ist, dann kennt er jede wahre Aussage. Nun sei für jede mögliche Welt W der Satz „W ist eine mögliche Welt" ein wahrer Satz, den Gott folglich wissen müsse. Ein allwissender Gott besitze Wissen über jede mögliche Welt bzw.

59 Vgl. aaO., 207.

60 Vgl. aaO., 205ff.

61 Vgl. Basinger, 1980. Ders., 1982. Im Folgenden beziehe ich mich auf die Kritik von 1980; die überarbeitete Fassung von 1982 ergänzt lediglich einige Details. Basinger hat seine Kritik auch auf Schlesingers NBWS ausgedehnt, die er in einem Atemzug mit Reichenbachs Argument nennt. (Vgl. Basinger, 1982, 143f.)

62 Ders., 1980, 340.

überschaue die ganze Skala möglicher Welten, die wir nur teilweise wahrnehmen. Überblickt Gott aber alle möglichen Welten, dann kann der Begriff „beste mögliche Welt“, folgert Basinger, in Bezug auf die göttliche Perspektive Bedeutung besitzen. Es sei zumindest möglich, dass die Skala möglicher Welten, die uns infinit erscheint, aus Gottes Perspektive endlich ist, weshalb es keinen zwingenden Grund gebe, die Sinnlosigkeit des Begriffs „beste mögliche Welt“ zu behaupten.[63]

Reichenbach selbst hat gesehen, dass die Kritik Basingers unzureichend begründet ist. Basinger spricht mehrmals davon, dass Gott das *upper limit* einer infiniten Reihe möglicher Welten erkennen könne, da er im Gegensatz zu Menschen allwissend sei. Reichenbach hält dagegen: Von einer obersten Grenze einer infiniten Reihe zu sprechen ist immer eine Kontradiktion, gleichgültig, welche Perspektive eingenommen wird.[64] „Nonsense cannot be made sense by ascribing it to God's omniscience.“[65] Eine solche Auffassung der Allwissenheit Gottes würde vielmehr den Begriff des Wissens selbst aufheben. Wie wenig die Unterscheidung zwischen menschlichem und göttlichen Wissen für die Widerlegung seines Arguments austrägt, zeigt Reichenbach, indem er folgenden Satz betrachtet:

63 „Or, to state the point differently, why should we assume that because the series of possible worlds seems infinite from our human perspective, such would necessarily be the case from God's perspective? I see no reason why such an assumption need be made and, accordingly, see no reason not to believe that a God who knows all true propositions, i.e., an omniscient God, can identify the best possible world“ (aaO., 340f). Zwei Jahre später fasst Basinger dieses Argument in die Form eines Dilemmas: 1. Wenn Gott allwissend ist und also eine unendliche Anzahl an Welten überblickt, dann gibt es keinen Grund nicht auch zuzugestehen, dass „beste mögliche Welt“ aus Gottes Perspektive bedeutungsvoll sei. 2. Wenn hingegen behauptet wird, es sei sinnlos anzunehmen, dass irgendein Wesen das *upper limit* einer infiniten Reihe benennen könne, dann muss auch Gott die Fähigkeit abgesprochen werden, eine unendliche Zahl möglicher Welten zu überblicken, d.i. allwissend zu sein. (Vgl. Basinger, 1982, 147.)

64 Vgl. Reichenbach, 1980, 344f.

65 AaO., 345.

(RE) Menschen als Wesen mit endlichem Wissen können das *upper limit* einer unendlichen Reihe möglicher Welten benennen.[66]

Wenn Basinger Recht hätte, wäre (RE) falsch, da Menschen, im Gegensatz zu Gott, über kein unendliches Wissen verfügen. Der Satz ist aber, so Reichenbach, nicht falsch, sondern bedeutungslos, weil er eine Kontradiktion (*upper limit* und unendliche Reihe) enthält. Dass Reichenbach hier gegenüber Basinger recht behält, kann m.E. leicht illustriert werden. Wenn (RE) falsch wäre, könnte es, Basingers Auffassung von Allwissenheit vorausgesetzt, einen zweiten Satz (RE′) geben:

(RE′) Gott als allwissendes Wesen kann das *upper limit* einer unendlichen Reihe möglicher Welten benennen.

Die Satz ist (RE′), im Gegensatz zu (RE), nach Basinger wahr. In Wirklichkeit kann er aber unter keinen Bedingungen jemals wahr sein, da er eine Kontradiktion beinhaltet und mithin bedeutungslos ist. Nach Basinger haben (RE) und (RE′) entgegengesetzte Wahrheitswerte. Erkennt man jedoch die Kontradiktion in beiden Sätzen, erweisen sie sich schlicht als bedeutungslos.

Schließlich kann, über Reichenbach hinausgehend, auch ein positives Argument dafür vorgebracht werden, warum die Reihe der möglichen Welten infinit sein muss. Selbst wenn zugestanden wird, dass es einen absolut höchsten Grad an Glück und Zufriedenheit der Geschöpfe gibt, bleibt noch immer eine Möglichkeit für Gott, die Güte einer beliebigen möglichen Welt fortwährend zu steigern. Es gibt keinen Grund zu behaupten, Gott könne, nachdem er einmal den Zustand vollkommener Seligkeit herbeigeführt hat, nicht immer mehr und immer neue Geschöpfe erschaffen, die dieser Seligkeit teilhaftig werden. Genauer, die beste mögliche Welt muss nicht nur unendlich glückliche, sondern auch unendlich viele Geschöpfe enthalten. Warum dies aus Gottes Perspektive anders sein sollte, ist nicht einsichtig. Die Frage, ob der Begriff „beste mögliche

66 Vgl. aaO., 344.

Welt" infinit ist, ist damit keineswegs so offen, wie Basinger es sich wünscht. Nur eine theosophische Auffassung von Gottes Wissen als einem selbst die Gesetze der Logik übersteigendem Vermögen könnte die Behauptung rechtfertigen, Gott könne die obere Grenze einer infiniten Reihe benennen. Basinger wirft Reichenbach vor, seine *no best world solution* würde den Begriff der Allwissenheit Gottes aufheben. Tatsächlich aber ist es Basinger, der die Allwissenheit Gottes überfordert, wenn er verlangt, dass Gott auch eine unsinnige Aussage als wahr anerkennen muss.

6 Die *No Worst World Solution*

Welchen Einschränkungen Schlesingers NBWS unterliegt, zeigt sich in eklatanter Weise, wenn man eine Idee Stephen Cahns auf sie anwendet. Cahn entwickelt in einem kurzen Aufsatz den Gedanken der *cacodaemony*, d.i. einer umgekehrten Theodizee.[1] Als Gegenbild des Theisten fingiert er einen Dämonisten, der glaubt, ein allmächtiges, allwissendes und omnimalevolentes Wesen habe die Welt erschaffen. Dieser Dämonist preist den weltenregierenden Dämon dafür, wie schlecht die Welt sei, und erwartet von ihm, dass er die Welt in einen möglichst schlechten Zustand versetzt, genauer, dass er die schlechteste aller möglichen Welten realisiert. Nun stellt sich für den Dämonisten aber die Frage: *Unde bonum?* Die Aussage, dass ein allmächtiges, allwissendes und omnimalevolentes Wesen existiert, ist inkompatibel mit der evidenten Existenz des Guten. Für den Dämonisten gibt es kein *problem of evil*, wohl aber ein *problem of goodness*.[2] Das *problem of goodness* kann ebenso wie das *problem of evil* durch (PE') formalisiert werden,

(PE') $[\{(H \wedge A \wedge A') \rightarrow O\} \wedge \neg O \wedge A \wedge A'] \rightarrow \neg H$

wobei als neue Bewertung gelten soll:

H Ein allmächtiges, allwissendes und omnimalevolentes Wesen existiert.

A Omnimalevolenz schließt die die Aufrechterhaltung und Duldung des Guten aus.

1 Vgl. zum Folgenden CAHN, 1982, 20f.

2 Vgl. ebd.

A' Es gibt keinen zureichenden Grund für den weltenregierenden Dämon, Gutes zuzulassen.

O Es gibt nichts Gutes.

Eine durchschnittliche *cacodaemony* versucht ebenso wie eine klassischen Theodizee das Problem durch Zurückweisung von *A'* zu lösen. Cahn meint sogar, dass zu jeder Theodizee eine entsprechende *cacodaemony* entwickelt werden könne.[3] Wenn als Grund für die Zulassung des Übels in der *soul making theodicy* (= VRS) angegeben wird, Gott sende dem Menschen Leid, auf dass seine Seele daran wachse, so kann innerhalb einer *soul-breaking cacodaemony* argumentiert werden, besagter Dämon lasse nur deshalb das Gute zu, damit das Übel den Menschen daraufhin um so schrecklicher treffe. Beethovens Symphonien etwa habe dieser Dämon nur zugelassen, um einen Moment der Hoffnung zu gewähren, der dann um so bitterer enttäuscht wird.[4] Gleiches gilt von der FWD. Ebenso wie eine mit freiem Willen begangene gute Tat besser ist als eine ohne freien Willen begangene, so ist auch eine absichtsvoll böse Tat weit böser als eine aus Unwissenheit begangene. Cahn ist überzeugt, dass sich aus dem Scheitern bestimmter Versuche der *cacodaemony* Rückschlüsse auf das Scheitern verschiedener Versuche der Theodizee ziehen lassen.[5] Dieser Punkt ist m.E. gar nicht entscheidend. Wichtig ist vielmehr, dass Cahn gezeigt hat: Argumente, die zur Lösung des *problem of evil* dienen sollen, können ebenso eingesetzt werden, um ein entgegengesetztes Ziel zu erreichen. Freilich könnte der Theist hier einwenden, dass er nur die Rationalität, nicht die Wahrheit seines Glaubens habe verteidigen wollen. Er habe, in van Inwagens Terminologie, nur eine *defence*, keine *theodicy* geben wollen.[6] Wenn aber zu einer bestimmten Theodizee, auch im Sinne einer *defence*, eine entsprechende *cacodaemony* angegeben werden kann, bedeutet dies, dass dieselbe Theodizee nicht zeigen kann,

3 Vgl. aaO., 22f.
4 Vgl. aaO., 23.
5 Vgl. aaO., 24.
6 S.o. 9.

dass der Theismus rationaler ist als zumindest der Dämonismus. Kann sie dies nicht zeigen, zeigt sie wenig, wenn sie auch erwiesen haben mag, dass der Theismus nicht schlechthin irrational ist.

Die letzte Frage, die es nun zu beantworten gilt, ist: Kann auch eine der NBWS entsprechende *cacodaemony* angegeben werden? Anders gewendet: Gibt es eine *no worst possible world solution* für das *problem of goodness*? Die Antwort scheint klar. Für den Dämonisten hat der allmächtige Dämon die Pflicht, möglichst viele Menschen in einen möglichst leidvollen Zustand (bzw. den Zustand des geringsten DDS) zu versetzen. Da die *happiness*- bzw. DDS-Linie nach Schlesinger in beide Richtungen unendlich ist, ist auch die schlechteste aller möglichen Welt ein infiniter Begriff, dessen Realisierung logisch unmöglich ist. Was logisch unmöglich ist, kann aber auch von einem allmächtigen Wesen nicht gefordert werden. Der weltenregierende Dämon kann seiner Verpflichtung nicht nachkommen, gleichgültig, wie er die Welt beschaffen sein lässt.

Die *non worst possible world solution* mag nur eine Karikatur der NBWS sein und nach den Argumenten von Shea und O'Connor als ein Satyrspiel zum fertigen Drama der Theodizee erscheinen, doch zeigt sich hier noch einmal deutlich, wie wenig die NBWS überhaupt zu leisten vermag. Das Scheitern der NBWS kann hier repräsentativ stehen für ein grundlegendes Problem in der Debatte um das *problem of evil*. Nicht die Behebung der Inkonsistenz zweier Behauptungen bereitet die größten Schwierigkeiten, sondern eine präzise Angabe dessen, worin diese beiden Behauptungen überhaupt bestehen. Wenn Güte und Allmacht Gottes nur vage definiert werden, dann kann die Inkonsistenz vielleicht gehoben werden. Ein Beitrag zur Apologie des Theismus ist hiermit aber noch nicht geleistet.

Zusammenfassung

George Schlesingers Versuch das *problem of evil* zu lösen stellt einen originellen Theodizeeversuch dar, der sich von klassischen Theodizeen, namentlich *greater good defences* deutlich unterscheidet. Seine Stärke besteht darin, dass Schlesinger keine Antwort auf das Problem des Übels zu geben versucht, sondern in der Frage selbst eine Dialektik aufzeigt. Im strengen Sinn ist seine *no best world solution* gar keine Lösung des Problems, sondern bringt dieses vielmehr zum Verschwinden. Schlesinger macht auf ein wichtiges Missverständnis in der gegenwärtigen Theodizeedebatte aufmerksam, wenn er betont, dass der *amount of evil* für das rein philosophische Problem des Übels irrelevant ist. Für sein eigenes Argument ist die Voraussetzung, dass Gottes Handlungen nach einem deontologischen Maßstab beurteilt werden müssen, wesentlich. Wird diese Voraussetzung nicht akzeptiert, scheitert die *no best world solution.* Ebenso wird mit der Tradition vorausgesetzt, dass Gott nichts vollbringen kann, was logisch unmöglich ist. Der Kern des Arguments besteht darin, dass die beste aller möglichen Welten ein infiniter Begriff ist, der selbst von einem allmächtigen Wesen nicht realisiert werden kann. Die Frage, worin die eminente Güte der besten aller möglichen Welten besteht, hat Schlesinger in den beiden Versionen seines Arguments unterschiedlich beantwortet. In der Version von 1964 ist es die maximale *happiness,* die Gott herbeiführen muss, 1977 der höchste *degree of desirability of state,* welcher sowohl von der *happiness* als auch dem Potential einer bestimmten Person abhängig ist.

Die Diskussion um die *no best world solution* macht zunächst einen uneinheitlichen Eindruck. Zumindest als Tendenz lässt sich jedoch erkennen, dass der Fehler entweder in Schlesingers Begriff des Übels oder in einer unzureichenden Beschreibung der Verpflichtungen Gottes gesucht wird. Die meisten dieser Kritiken können widerlegt werden. Das wirkliche Problem der *no best world solution,* wie es Winslow Shea und David O'Connor gesehen haben, besteht vielmehr in dem vorausgesetzten Gottesbegriff. Die *no best world solution* scheitert nicht aufgrund eines internen Fehlers, sondern weil jenes Wesen, das sie versucht zu verteidigen, sich nicht eindeutig als der Gott des Theismus identifizieren lässt. Mit der NBWS ließe sich ebenso gut ein Demiurg oder ein weltenbeherrschender Dämon verteidigen. Das Problem besteht nicht in der Definition des Übels, sondern in der der Güte Gottes. Schlesinger ergreift *ad hoc*-Maßnahmen, um diese Güte weiterhin verteidigen zu können, gelangt dabei aber zu anderen, von der NBWS unabhängigen Theodizeen. Dass dieser Schritt ihm nichts nützt, zeigt O'Connor in der Revision seiner ursprünglichen Kritik. Schlesingers Gott ist nicht der Gott Anselms, d.i. kein Wesen, über das hinaus nichts Größeres gedacht werden kann. Schlesingers *no best world solution* ist, wie Chrzan richtig bemerkt, nicht falsch, sondern irrelevant. Allerdings liegt diese Irrelevanz, anders als Chrzan meint, nicht darin begründet, dass die NBWS das Übel nicht erklären kann, sondern darin, dass sie keine Verteidigung des Glaubens an einen gütigen Gott darstellt. Wenn Schlesingers Integration anderer Theodizeen akzeptiert wird, erweist sich die NBWS selbst als überflüssig. Als Teil einer *hybrid theodicy*, d.i. einer Kombination verschiedener Theodizeen, ist sie sinnlos, weil sie kein Problem löst, das nicht auch durch eine gelungene *greater good defence* gelöst werden könnte. Scheitert George Schlesingers NBWS auch, so ist sie doch vor anderen *no best world solutions* dadurch ausgezeichnet, dass sie sich in ihrer ursprünglichen Form nicht auf fragwürdige Zusatzannahmen (einen bestimmten Identitätsbegriff, die Behauptung mehrer realer Welten) stützten muss. Dass auch sie selbst diese schließlich nicht umgehen kann, um sich gegen die vorgebrachte Kritik zu behaupten, ist ihre große Schwäche.

Anhang

Abkürzungsverzeichnis

DCS	degree of cleanliness and size
DDS	degree of desirability of a state
FWD	free will defence(s)
GGD	greater good defence(s)
NBWS	no best (possible) world solution (Schlesinger)
VRS	virtuous response solution(s)

Regeln, Propositionen, etc. werden durchlaufend mit Großbuchstaben bzw. -kombinationen abgekürzt. Kleinbuchstaben finden bei Aufzählungen Verwendung.

Alle übrigen Abkürzungen richten sich nach den gängigen Konventionen.

Zur Zitation: Grundsätzlich wird nach dem Muster „Autor, Jahr, Seite" zitiert. Eine Ausnahme bilden klassische Werke der Philosophie (vgl. Literaturverzeichnis Abschnitt B). Diese werden nach den Standardabkürzungen zitiert.

Abbildungsverzeichnis

Literaturverzeichnis

A. Neuere Texte zum Theodizeeproblem

ADAMS, ROBERT M.

1972 Must God Create the Best?, in: *The Philosophical Review* 81.3, 317–332.

BASINGER, DAVID

1980 Must God create the Best Possible World? A Response, in: *International philosophical Quarterly* 20, 339–341.

1982 Divine Ominiscience and the Best of all Possible Worlds, in: *The Journal of Value Inquiry* 16, 143–148.

CAHN, STEVEN M.

1982 Cacodaemony, in: *Contemporary Philosophy of Religion*, hrsg. v. Stephen M. Cahn und David Schatz, NY/Oxford, 21–24.

CHRZAN, KEITH

1987 The Irrelevance of the No Best Possible World Solution, in: *Philosophia* 14, 161–167.

ELLIOT, ROBERT

1997 Divine Perfection, Axiology and the No Best World Denfece, in: *Religious Studies* 29, 533–542.

FORREST, PETER

1981 The Problem of Evil: Two Neglected Defences, in: *Sophia* 20.1, 49–54.

Fulmer, Gilbert

1998 Does God Do His Best? George N. Schlesinger's Theodicy, in: *Southwestern Philosophical Studies* 20, 43–48.

Geyer, Carl-Friedrich

1992 Materialien zur Begriffsgeschichte der Theodizee, vor allem im 19. und 20. Jahrhundert, in: *Worüber man nicht schweigen kann.* Neue Diskussionen zur Theodizeefrage, hrsg. von W. Oelmüller, München, 209–242.

Gwiazda, Jeremy

2007 A reply to Schlesinger's theodicy, in: *Religious Studies* 43, 481–486.

Jonas, Hans

1987 Der Gottesbegriff nach Auschwitz. Eine jüdische Stimme, Frankfurt a.M. 1987 (st 1516).

Khatchadourian, Haig

1966 God, Happiness and Evil, in: *Religious Studies* 2, 109–119.

La Para, Nicholas

1965 Suffering, Happiness and Evil, in: *Sophia* 4.2, 10–16.

Madden, Edward, und Hare, Peter. H.

1968 Evil and the Concept of God, Springfield Ill.

Mann, William E.

1991 The Best of Possible Worlds, in: S. MacDonald (Hrsg.), *Being and Goodness*, Ithaca/New York, 250–277.

McHarry, John D.

1978 A Theodicy, in: *Analysis* 38.3, 132–134.

Morris, Thomas V.

1984 A response to the Problem of Evil, in: *Philosophia* 14, 173–185.

Nozick, Robert,

1986 Theological Explanations, in: *Ploughshares* 2.4, 151–166.

O'Connor, David

1986 Schlesinger and the morally perfect man, in: *The Journal of Value Inquiry* 20, 245–249.

1998 God and Inscrutable Evil. In Defence of Theism and Atheism, Lanham (Maryland), v.a. 149–175.

Perkins, R. K. Jr.

1980 McHarry's Theodicy: A Reply, in: *Analysis* 40.3, 168–171.

Pike, Nelson

1963 Hume on Evil, in: *The Philosophical Review* 72.2, 180–197.

Reichenbach, Bruce R.

1979 Must God create the Best Possible World?, in: *International Philosophical Quarterly* 19, 203–212.

1980 Basinger on Reichenbach and the Best Possible World, in: *International Philosophical Quarterly* 20, 343–345.

Rosenau, Harmut

1999 Art. Theodizee IV. Dogmatisch, in: TRE 33, 222–229.

ROSENBERG, JAY F.

1970 The Problem of Evil revisited. A reply to Schlesinger, in: *The Journal of Value Inquiry* 4, 212–218.

SCHLESINGER, GEORGE N.

1964 The Problem of Evil and the Problem of Suffering, in: *American Philosophical Quarterly* 1, 244–247.

1965 Omnipotence and Evil: An Incoherent Problem, in: *Sophia* 4.3, 21–24.

1970 On the Possibility of the Best of All Possible Worlds, in: *The Journal of Value Inquiry* 4, 229–232.

1977 Religion and Scientific Method, Dodrecht.

1982 Suffering and Evil, in: *Contemporary Philosophy of Religion*, hrsg. v. Steven M. Cahn u. D. Shatz, New York, 25–31, wiederabgedrukt u . d. Titel: Is God obliged to make us happy?, in: *Today's Philosophers Ponder the Divine*. hrsg. v. M. Cahn u. D. Shatz, Oxford 2002, 37–46.

1983 Metaphysics. Methods and Problems, Oxford UP.

1988a New Perspectives on Old Time Religion, Oxford UP.

1988b The moral Value of the Universe, in: *The Journal of Value Inquiry* 22, 319–325.

1997 Theological Necessity, in: *Religious Studies* 33, 55–65.

SHEA, WINSLOW

1970 God, Evil, and Professor Schlesinger, in: *The Journal of Value Inquiry* 4, 219–228.

STRICKLAND, LLOYD

2005 Determining the Best of All Possible Worlds, in: *The Journal of Value Inquiry* 39, 37–47.

STUMP, ELEONORE

2008 The Problem of Evil, in: *Philosophy of Religion*. The Big Questions, hrsg. von dies. u. M. J. Murray, Oxford UP, 227–241; erstmals abgedruckt in: *Faith and Philosophy* 2.4 (1985), 392–395, 397–398, 406–415, 417–418.

SWINBURNE, RICHARD

1982 The Problem of evil, in: *Contemporary Philosophy of Religion*, hrsg. von St. Cahn u. D. Schatz, NY/Oxford, 3–19.

1998 Providence and the Problem of Evil, Oxford.

TOOLEY, MICHAEL

2008 The Problem of Evil, in: *The Stanford Encyclopedia of Philosophy* (`http://plato.stanford.edu/entries/evil/`), erstmals publiziert 16.09.2002, rev. 15.03. 2008, eingesehen am 7.10.2008.

VAN INWAGEN, PETER

2005 The Problem of Evil, in: *The Oxford Handbook of Philosophy of Religion*, hrsg. v. William J. Wainwright, Oxford UP, 188–220.

WALL, GEORGE

1979 Other Worlds and the Comparison of Values, in: *Sophia* 18.2, 11–15.

B. Klassische Texte

ANSELM VON CANTERBURY

Proslogion Proslogion, in: S. Anselmi Cantuariensis archiepiscopi *Opera omnia*, hrsg. v. F.S. Schmitt, Bd. I, Seckau 1938 (Neudr. Stuttgart 1968), 89–122.

BÜCHNER, GEORG

Danton Dantons Tod, in: Ders., Werke in einem Band, Berlin 1980, 17–95.

HUME, DAVID

DCNR Dialogues Concerning Natural Religion, in: Ders., *The Philosophical Works*, Bd. II. Aalen 1964 (Reprint der Edition: London 1886), 375–468.

KANT, IMMANUEL

AA Kants gesammelte Schriften, hrsg. von der Königlich-Preußischen Akademie der Wissenschaften, Berlin 1902ff.

KrV Kritik der reinen Vernunft. Nach der 1. und 2. Orig.-Ausg. hrsg. v. J. Timmermann, Hamburg 1998.

Theodiz. Über das Mißlingen aller philosophischen Versuche in der Theodizee, in: AA VIII, 255–271.

LACTANTIUS

Ira De ira Dei. Vom Zorn Gottes. lat/dt., eingel., hsrg. u. übers. von H. Kraft und A. Wlosok, Darmstadt 1957.

LEIBNIZ, GOTTFRIED WILHELM

Th. Die Theodizee von der Güte Gottes, der Freiheit des Menschen und dem Ursprung des Übels. Vorwort, Abhandlung, erster und zweiter Teil, in: Ders., *Philosophische Schriften* Bd. 2.1., hrsg. u. übers. von Herbert Herring, Frankfurt a.M. 1996.

Discours Metaphysische Abhandlung, in: Ders., *Philosophische Schriften* Bd. 1, hrsg. u. übers. v. Hans H. Holz, Frankfurt a.M. 1996.

MILL, JOHN STUART

Utilit. Utilitarianism, London 1867[3].

PASCAL, BLAISE

Pensées Gedanken, übers. u. hrsg. v. W. Rüttenauer, Birsfelden-Basel o.J.

THOMAS VON AQUIN

STh Summa Theologiae, in: Ders., *Opera omnia iussu impesaqe Leonis XIII P.M.* (Leonina), Bd. V-XIII, Rom 1888ff (STh I = Bd. V der *Opera omnia).*

VOLTAIRE

Candide Candide oder Die Beste der Welten, übers. v. E. Sander, Stuttgart 1966.

WEKHRLIN, WILHELM LUDWIG

Monolog Monolog einer Milbe im siebenten Stock eines Edamer Käses, in: Der Geist Wilhelm Ludwig Wehkrlins, von Wekhrlin junior, Stuttgart 1837[2], 181f.

C. Weitere Texte

BEALL, J.C. und VAN FRAASSEN

2003 Possibilities and Paradox. An Introduction to Modal and Many-Valued Logic, Oxford UP.

FLEW, ANTONY G.N.

1955 Theology and Falsification, in: Ders. u. A. MacIntyre (Hrsg.), *Essays in Philosophical Theology*, London, 96–108.

Hasker, William

2005 Analytic Philosophy of Religion, in: *The Oxford Handbook to Philosophy of Religion*, hrsg. v. William J. Wainwright, Oxford UP, 421–447.

Kripke, Saul A.

1980 Naming and Necessity, Havard UP, Cambridge/Massachusetts.

Nagel, Thomas

1974 What is it like to be a bat?, in: *The Philosophical Review* 83.4., 435–450.

Rowe, William L.

2005 Divine Power, Goodness and Knowledge, in: *The Oxford Handbook to Philosophy of Religion*, hrsg. v. William J. Wainwright, Oxford UP, 15–34.

Schwemmer, Oswald

2004 Art. ultra posse nemo obligatur, in: *Enzyklopädie Philosophie und Wissenschaftstheorie*, hrsg. v. Jürgen Mittelstraß, Bd. 4, Stuttgart, Sp. 379.

Zeitfracht Medien GmbH
Ferdinand-Jühlke-Straße 7
99095 Erfurt, Deutschland
produktsicherheit@kolibri360.de